湛庐CHEERS

与最聪明的人共同进化

HERE COMES EVERYBODY

魏斯曼的演讲大师课

IN THE LINE OF FIRE

答的艺术

2

HOW TO HANDLE TOUGH QUESTIONS—WHEN IT COUNTS

[美]
杰瑞·魏斯曼
JERRY WEISSMAN
著

闫佳
译

四川人民出版社

我在思科任职时，每天都会碰到来自客户、政府领导、媒体和分析家们提出的挑战性问题。本书提到的技巧十分精准，它为读者带来了适用于诸多沟通场合的简单技巧，帮助你应对挑战。

休·博斯特罗姆

思科公司前高级副总裁

每一位演讲者都有可能面对来自听众的挑战性问题，所以，魏斯曼的书不可不读。它提供了一套最基本的技巧，不管是多难的问题，它都能帮你做好准备、反客为主。

莱斯利·卡伯特森

英特尔公司副总裁

你曾经遇到过挑战性问题吗？魏斯曼告诉你，答案并不重要，重要的是你怎样做出回答。这才是能让你大获全胜的关键！

蒂姆·库格尔

雅虎首任 CEO

魏斯曼的技巧不仅巧妙纯熟，而且普遍适用，因为它在听众与说客、挑战性问题与正面回答之间找到了一个异常简单的共同点：事实。

皮埃尔·奥米迪亚
eBay 创始人

在我们最近一次 IPO 路演宣传中，魏斯曼为我的管理团队做了培训。我印象最深的是，魏斯曼在教学方法上做了创新，力图让管理者的沟通达到最佳效果。这本书囊括了这一套培训的内容，为我们无数次的巡回陈述带来了良好的结果。

雷·杜比
杜比实验室创始人

魏斯曼揭示了总裁和大亨们的成功之道，他还破解了我们的心中之谜：伟大的领导者为什么总是受人热爱和信任。这些道理简单易懂，任何领导者都能采用。

斯科特·库克
美国知名理财软件公司直觉软件公司（Intuit）创始人

不管你是教师还是总统，本书都能帮助你，教你做个有效的沟通者。这本书的见解如此深刻，让读者禁不住会想，这是否算是道破天机呢？

里德·哈斯廷斯
奈飞公司创始人兼 CEO

就算是最了不起的创业者，也会碰上挑战性问题。请先读读魏斯曼的书，要不然可有你好受的。

盖伊·川崎
硅谷创意大师

半个多世纪以来，我一直在提出挑战性问题，并且听到了各种回答：或精彩绝伦，或无聊透顶，或逃避推诿，或清晰透彻。魏斯曼的书能帮助所有人……无论什么样的人……回答最具挑战性的问题。

迈克·华莱士
艾美奖终身成就奖获得者

新版序言

普遍的挑战，通用的解决之道

本书第一版问世后的 8 年间，美国经历了两次有争议的总统选举，把候选人直接放到了挑战性问题的枪林弹雨之中，有些问题来自辩论的对手，有些问题来自媒体的采访。这些候选人应对挑战性问题的方式，对其选举活动和最终命运产生了直接的影响。尽管政治舞台有着不同于生活中其他大多数行业的规则和特质，但人在最具有挑战性的交流中的应对方式都会影响其最终的命运。

因此，这本书的第二版仍效法第一版，列举了许多政治实例，因为它们更为人所知而且它们跟生活中许多其他方面有着同样的内在力量，比如在商业、金融、政府、科学、学术界、工作面试甚至人际关系方面。本版收录的新例子和第一版中的一样，代表了普遍的挑战。故此，原来的通用解决方案也仍然适用，具备持久的力量。

问与答中存在的普遍内在力量，存在于所有演讲甚至所有沟通的方方面面，这一事实得到了其他沟通领域中顶尖从业人士的确认。我在自己另外两本书《魏斯曼的演讲大师课 1：说的艺术》（*Presenting to Win: The Art of Telling Your Story*）和《魏斯曼的演讲大师课 3：臻于完美的演讲》（*Winning Strategies for Power Presentations: Jerry Weissman Delivers Lessons from the World's Best Presenters*）里研究并收集了文学、电影、戏剧、广告、媒体以及政治领域的专家建议，并将它们全方位地与演讲技巧相结合。我的 3 本原创作品分别探讨了构思故事和视觉设计的基本知识、传达技能的基本知识，以及应对挑战性问题的基本知识。把这 3 本书放到一起，就形成了一套全面的方法论，可以帮助你或者任何演讲者取得成功。

应对挑战事关重大

这种全面方法论源自我在沟通领域从业 40 年的经验，我在曼哈顿哥伦比亚广播公司广播中心的控制室工作过，在硅谷最热门的创业公司的会议室工作过，在美国最有声誉的企业董事会议上工作过。在那些房间里，我听到过，自己也提出过一些极具挑战性的问题。所以，我充分理解演讲者如何应对挑战性交流。

著名政治史学家白修德（Theodore H. White）对这种影响做过绝佳的描述，他在自己的经典著作《美国总统的诞生》（*The Making of the President 1960*）里记录了约翰·肯尼迪和理查德·尼克松之间历次重要的总统辩论。白修德写道，辩论“为一个民主国家的选民们绘制出了两个男人重压之下的生动画像，让选民凭借直觉和情感来决定，他们更喜欢哪一种抗压风格与行为模式”。

在 1960 年 9 月末那个决定未来命运的夜晚，选民们决定，他们更乐意让约翰・肯尼迪而不是理查德・尼克松来当自己的领导人。那天晚上，挑战者肯尼迪把原本最受欢迎的尼克松远远地甩在了身后。

48 年后，也就是 2008 年的 9 月下旬，另一系列交锋引发了又一轮政治命运的逆转。该月初，阿拉斯加州州长萨拉・佩林（Sarah Palin）被提名为共和党副总统候选人，她在明尼苏达州圣保罗的共和党全国大会上发表了强有力的受命演讲。那一场火热的演讲震动了整个美国，使原本在民意测验中落后的亚利桑那州参议员约翰・麦凯恩（John McCain）超过了伊利诺伊州参议员巴拉克・奥巴马（Barack Obama）。

然而，9 月晚些时候，佩林接受了《CBS 晚间新闻》（*CBS Evening News*）节目主播凯蒂・库里克（Katie Couric）的采访。身为记者，库里克不折不挠地就副总统就任资格问题追问佩林，尤其是佩林在外交政策方面的可信度。佩林只说自己所在州与俄罗斯交好，除此之外就没有任何实质内容了。

《纽约时报》的电视评论员报道："这次交锋可谓步步惊心，在互联网上不胫而走……麦凯恩的竞选搭档可能无力回天了。这不是她第一次接受国家级电视台的采访，但就某些方面而言，这是最糟糕的一次。"

美国全国广播公司的《周六夜现场》（*Saturday Night Live*）火速将这段采访改编成了一出滑稽短剧。女演员蒂娜・费（Tina Fey）非常精准地戏仿了佩林，嘲笑佩林"与俄罗斯交好"的言论。

9 月底，巴拉克・奥巴马在民意调查中重新回到了领先地位，而且优势一直持续到 11 月他在总统竞选中获胜。

3 年之后，也就是 2011 年，又有一轮 9 月的交锋再次导致了一轮命运的逆转。8 月，得克萨斯州州长里克·佩里（Rick Perry）正式宣布竞选共和党总统候选人，只可惜，他来得太迟了。从当年 5 月开始，一大群候选人就一直在参加一系列电视辩论。

佩里宣布参加竞选的时候，马萨诸塞州前州长米特·罗姆尼（Mitt Romney）正保持领先地位。但佩里拥有雄厚的政治资本，他连续赢得过三次得克萨斯州州长竞选，拥有共和党内强大保守势力的支持，还有满满当当的竞选经费宝箱。他在宣布参加竞选的一个月后，就在民意调查中冲上了最高位置。

2011 年 9 月 22 日，佩里参加了跟其他共和党候选人的电视直播辩论。罗姆尼探讨完自己当前的医保提案跟他在马萨诸塞州做州长时建立的医保提案之间的关系后，《福克斯新闻》（*Fox News*）的主持人克里斯·华莱士（Chris Wallace，传奇新闻主播迈克·华莱士之子）为了制造冲突，便请佩里做回应。佩里说：

> 我认为美国人有时不知道自己面对的是哪一个米特·罗姆尼，是支持《美国宪法第二修正案》的米特·罗姆尼，还是反对它的罗姆尼？他在社会项目上的立场，先是反对罗诉韦德案，接着又支持罗诉韦德案[①]。他先是支持“力争上游”教改计划，支持奥巴马医

① 罗诉韦德案是美国联邦最高法院于 1973 年对于妇女堕胎权以及隐私权的重要判例。对于妇女堕胎的问题，美国联邦最高法院承认妇女的堕胎权受到宪法的保护。——译者注

改，现在又反对。我的意思是，我们要等到明天才知道我们今天晚上在与哪一个米特·罗姆尼说话。

这段令人费解、不着四六的东拉西扯在所有媒体上回荡，相关的视频剪辑在网上和深夜的讽刺评论电视节目里一次次地播放。短短两个星期，佩里的民意调查数据几乎下降到原来的一半。

11 月 9 日，他参加了另一场电视直播辩论，美国全国广播公司财经频道主持人玛丽亚·巴尔蒂罗莫（Maria Bartirom）问他将砍掉哪些项目以减少赤字。佩里先回答说，他将关闭三家机构，分别是商业、教育，但说到第三家机构时卡住了。他痛苦地努力回想了好一阵子，然后放弃了，发出了一声让他“臭名远扬”的感叹：“Oops！”到了这时候，他的命运也就几乎尘埃落定了。

2012 年 1 月，佩里退出了竞选。

2010年4月20日，英国石油公司在墨西哥湾的海上石油钻井平台爆炸，造成 11 人死亡，并造成了严重的环境破坏。英国石油公司的首席执行官是托尼·海沃德（Tony Hayward），他的年薪高达 450 万美元。记者问他，他将怎样把噩耗告诉路易斯安那州的民众。海沃德说：“很抱歉，大爆炸害得他们丢掉了性命。没有人比我更渴望这一切尽早结束，我希望尽快恢复正常生活。”

就跟佩林和佩里两人的不恰当回答一样，海沃德“我希望尽快恢复正常生活”的声明，以同样的速度和强度，在媒体上广为流传，引得大众哗然。

几天后，就有人提出要海沃德下台，4 个月后，他遭到解雇。

很少有人需要应对石油泄漏这样的巨大灾难，也很少有人参加过美国总统竞选，然而，放眼整个地球，很少有人能一帆风顺地度过一生而不遭遇挑战性问题。本书的目的以及书中所列举的许多来自现实生活的例子，都是为了向你介绍应对此类问题的技能。如果你只碰到过“我该在哪儿签名”这一类问题，那么把时间用在看精彩的悬疑小说上倒更划算。

凡事预则立，不预则废。

我还有一点要提醒大家：你将学到的所有技术都要求你用绝对的事实作为基础。前文的关键词是“应对”，意思就是怎样管理挑战性问题。尽管提供答案是“应对”的组成部分，但你对每一个问题所给出的每一个答案都应该诚实、坦率。如若不然，所有技术都是白费劲儿。以诚实的回答为基础，这些技巧才能让你在火线下逃出生天，甚至逆转败局。

商业演讲三部曲

我曾有幸到访中国，感觉与这里的文化和人民有着某种特殊的联系。随着全球化的推进和环太平洋地区各国联系的加强，我在美国硅谷（SUASIVE公司所在地）也见过很多到访这里或居住于此的中国人。我们的交流多发生在SUASIVE公司的培训课上、研讨会上以及单独指导的时候。由于这些培训指导强度很高，需要密切合作，我得以深刻体会中国人擅长学习的美誉的确名副其实。所以，我十分高兴这3本介绍演讲技巧的书能够译成中文出版。

这3本书分别是：

- 《魏斯曼的演讲大师课1：说的艺术》

- 《魏斯曼的演讲大师课2：答的艺术》
- 《魏斯曼的演讲大师课3：臻于完美的演讲》

最初写作时，我并没有想过把这3本书写成一个合集，它们是彼此独立的。这样，我就能够针对演讲的每一个基本要素为读者提供一个详细的方法。

这些基本要素包括：

- 怎样组织清晰严谨的内容；
- 怎样设计简洁明了的幻灯片；
- 怎样说话充满信心、不失威信；
- 怎样应对挑战性问题；
- 怎样将上述要素糅合成一场完美的演讲。

演讲就像链条一样，最弱的一环决定了整体的强度：

- 如果演讲内容清晰严谨，很有说服力，但是PPT有致命伤，演讲就失败了。
- 如果演讲内容清晰严谨，很有说服力，PPT也是遵循寓繁于简的原则设计的，但是演讲者站在听众面前时却突然不知所措，就像在车前战战兢兢的小鹿一般，演讲就失败了。
- 如果演讲内容清晰严谨，很有说服力，PPT也是遵循寓繁于简的原则设计的，演讲者站在听众面前陈述时带着罗纳德·里根那样的自如，但是在面对听众的一个尖锐问题时却畏首畏尾，演讲就失败了。

这3本书为解决以上每一个基本问题都提供了方法。这些方法源自我的演讲培训课程，培训课程又发展自我之前在电视制作行业工作的经历：我曾在哥伦比亚广播公司（CBS）纽约电视台担任过公共事务和新闻节目制片人、导演，达10年之久。

那段时间我的主要工作就是每天审阅几个小时的新拍视频和视频档案，再安排几个小时的访谈，浏览一堆又一堆的报告，然后把所有这些信息压缩成一档清晰严谨、具备说服力的时长28分40秒的节目。

在CBS，我们还有价值几百万美元的控制室。里面有尖端的图表制作设备：从低端的字幕机到高端的色键，应有尽有，但我们只用这些复杂的设备制作符合寓繁于简原则的图片。

我的另一部分工作就是邀请商界、政界、学界和卫生、科学领域的人士走进演播室，他们之前都没有任何演播经验。我要帮助他们在摄像机前，在这种压力环境中感到自在，看起来轻松。这么多年来，我发现最紧张的就是那些要站起来发表重要演讲的商务人士。

一旦请来的嘉宾感到自在了，我又会问一些尖锐的问题让他们变得不安起来。

所有这些问题和我在CBS用到的其他技巧，为我发展出完整而全面的演讲技巧和方法打下了良好的基础。

大约25年前，我把这套方法带到了商界。自那以后，它经历了超过500场IPO路演的实战检验，涉及的公司包括思科、雅虎、杜比实验室、eBay和

Groupon。我还用相同的方法帮助其他500多家公司，包括英特尔、微软、惠普等准备了常规场合下的演讲，比如和经理人召开的内部会议、面向消费者的产品发布会、面向合伙人的谈判会议、面向同行的贸易展以及网络上的虚W拟演讲。

同样的方法也可以帮助你准备任何一场演讲，这3本书涵盖了打造成功演讲的关键实践方法。

但是，只是看一些介绍演讲技巧和方法的书很难让你成为更好的演讲者，就像只是看网球方面的书很难提高你的反手击球能力一样。你必须去实践，在实践中应用这些理论。这3本书中有很多应用这些方法时需要用到的工具和练习，还有很多商业演讲的案例分析和对美国政界公共演讲、辩论的分析。由于我的主要业务范围和居所都在美国，所以书中绝大部分案例来自美国。这一点我希望能够得到中国读者的理解，但我同样希望你们能够理解这些案例所体现出来的关于演讲的沟通因素是跨越国界的，是具有普遍性的。

这也是我想要传递给你们的主要信息：**演讲是人类所有交流形式的延伸，而不是只有少数人才能使用的公共演说方式，演讲并没有什么神秘之处。**演讲和会议、交谈、面试以及其他一切人际交流的目标和动力一致，都是为了在不同的个人或团体之间传情达意，确保彼此双向互动，沟通顺畅。正是在此基础上，我写了这3本书。

为了进一步展示演讲应用场合的普遍性，我邀请读者登录www.powerltd.com网站，阅读我的博客。在博客文章中，我写到了演讲的各个要素是如何与广告、时事、科学、艺术、音乐、文学、影院、剧院甚至是体育运动联系的，又是如何影响这些领域的。

作为一种普遍、自然的说话方式，演讲就是为了应对在公众面前说话的挑战，因为那常常会让很多人心生畏惧。多年前，《泰晤士报》曾经做过一项问卷调查，调查人们最惧怕的东西是什么，而名列榜首的就是在众人面前讲话，害怕它的人多于恐高的人。美国著名作家马克・吐温曾经写道：“世上有两种演讲者：紧张的和故作镇定的。”

在全球化的世界中，演讲给人带来的挑战更加严峻，因为演讲者经常不得不用外语演讲。我在硅谷的很多中国客户都能把英语说得很流利，但英语毕竟不是他们的母语，因此他们演讲时面临的困难更多。不管是说母语还是外语，挑战始终存在。这3本书中提供的工具和技巧会帮助你应对这些挑战，帮助你走向成功。

我真心希望它们能对你的工作、事业有所助益！

杰瑞・魏斯曼

扫码下载“湛庐阅读”APP，
搜索“魏斯曼的演讲大师课”，
测一测你对如何打造引人入胜的演讲了解多少。

目　录

IN THE LINE OF FIRE

HOW TO HANDLE TOUGH QUESTIONS—WHEN IT COUNTS

第1章

四两拨千斤，巧劲儿抗蛮力

挑战性问题

为了理解怎样应对挑战性问题，让我们先来了解一下，为什么人们会提出此类问题。像凯蒂·库里克和克里斯·华莱士一类的记者之所以会提出挑战性问题，是因为他们熟悉戏剧艺术，知道唯有矛盾冲突才能造就戏剧性。亚里士多德早就这么说过。

在美国，总统新闻发布会是一个记者们出招的最常见的场合。每一位美国总统都要定期面对白宫记者团提出的枪林弹雨般的挑战性问题。2009 年 6 月 23 日，就发生了一次这样的“交火”。在伊朗德黑兰发生暴力示威之后举行的新闻发布会上，总统巴拉克·奥巴马说：

> 美国和国际社会对过去几天发生的事件感到震惊和愤怒。我强烈谴责这些不义的行为，我与美国人民一起为每一位逝去的无辜生命哀悼。

接着，奥巴马请来自美国全国广播公司的查克·托德（Chuck Todd）提问。

托德：总统先生，我想跟进一下伊朗问题。您两次都没有明确说出结论。您暗示，如果他们继续违反，您说的是违反这些准则，国际社会将做出反应。您似乎在暗示当地出现了侵犯人权的行为。

总统：我不是在暗示。我想，如果一位年轻女性一下车就在大街上被枪杀，这肯定有问题。

托德：那您为什么不把结论明确地说出来，也就是伊朗……

总统：因为我认为，查克，我们还不知道这件事会怎么发展。我知道，这里的每个人都24小时跟进着新闻，但我并没有。

托德：难道不应该，我是说，难道世界和伊朗不应该……

总统：查克，我已经回答了……

托德：但难道伊朗政权不该知道会有什么后果吗？

总统：我回答了问题，查克，因为我们还不知道事情会怎样发展。

另一次紧张的交锋发生在2013年3月1日。在美国联邦预算大幅削减后召开的新闻发布会上，奥巴马说：

这一切全都没有必要。之所以会出现这一幕，是因为共和党人在国会所做的选择。他们允许这些削减发生，因为他们拒绝提供预算，以修补一个有助于减少这些赤字的漏洞。

接着，奥巴马请美联社的朱莉·佩斯（Julie Pace）提问。后者问：

谢谢总统先生。您认为，您应该为这些削减生效承担多大的责任？目前而言，对共和党来说，是不是只有提高收入这一个替代削减的办法？还是说，您认为另有其他选择？

奥巴马回应道：

但现在的情况是，共和党人已经做出了选择，即坚持“不接受额外一毛钱的税收收入”的铁规则，这让我们很难再达成更大的全面协议。这就是他们所做的选择。他们说，保护这些税收漏洞比避免这些任意削减更为重要。

这个回答令记者再次重复了自己的问题：

佩斯：听上去您像是在说，这都是共和党的问题，而不是您该承担责任的问题。

总统：这样吧，朱莉，你给我举一个我可以做些什么的例子。

佩斯：我只是想澄清您的陈述。

总统：好吧，但我在试着澄清这个问题。

美国总统可以说，“我回答了问题，查克”，不再让他追问下去，也可以把朱莉·佩斯的问题又抛回给她本人，要她自己回答，但这样的特权，你是没有的。在商业演讲中，你必须完完整整地回应自己的听众，不管对方是客户、投资人还是管理者。

要做到这一点，你要先理解为什么商界人士会提出挑战性问题。因为他们卑鄙无耻？也许是。因为他们想试探你的勇气？有这个可能。但更可能的是，**当你在陈述自己的意见时，就是在要求自己的对立方，即你的目标听众，做出改变。**企业也好，其他主体也罢，每一次关键沟通都会出现这种情况。而大多数人天生抗拒改变，因此他们必然会狠狠地打探你的底细。不错，就是要打探你的底细。

在所有商务陈述中，至关重要的当数公司 IPO 路演。对于这种沟通形式，我想我有一些发言权，因为我有幸指导了差不多 600 家公司，其中包括思科、直觉软件公司、雅虎、杜比实验室……在路演中，演讲者请求投资者们做出改变：购买一只尚不存在的股票。实际上，根据美国证券交易监督委员会的规定，公司在首次向公众发行股票的时候，需对公司信息做出明确的书面说明。招股说明书应当包含如下规定字样：“本公司此前从未公开上市发行过普通股。”换句话说，就是“投资有风险”。货一售出，概不退换。所以，在公司的管理团队进行首发推广时，不可避免地会听到潜在投资者提出挑战性问题。

尽管 IPO 路演活动的股本金额高得惊人（至少是数千万美元），但路演中所遇到的挑战的特征与其他商业场景中的挑战特征无异，比如客户考虑是否要购买某种新产品，合伙人考虑是否要建立战略关系，压力重重的经理考虑是否该负担若干额外开支，负责任的选民寻思该不该支持某个黑马候选人，或是富有的捐献人考虑该不该为某个新生的公益项目捐款。

在进行陈述的时候，以下几个附加因素的影响会提高上述场景的内在挑战性的强度：

- **公众曝光度。**面对大规模的听众，犯错的可能性自然也会提高。
- **群体力量。**听众越多，就越难控制。
- **以寡敌众。**听众之间有着紧密的联系，而与演讲者则很疏远。

结果，站在讲台上聚光灯下的那个孤独身影，就成了各种挑战性问题的靶子。那么，该如何平衡演讲的环境？演讲者该拿出什么样的武器来抵挡进攻，该如何在枪林弹雨般的问题下幸免于难呢？

答案就在“大卫挑战歌利亚”[①]的小故事里。漫漫历史长河中，以弱敌强、以少胜多的战役不胜枚举。人数少、装备差的部队靠着机动、灵活、巧妙的防御，打败了强大的对手，这种例子也多得是。**这些传奇般的战役拥有一个共同点：四两拨千斤，或者说是以机智对抗武力。**

① 故事讲述了一个少年用弹弓射石击败了巨人。——译者注

学会控制

与我们要说的事情最相近的，大概要数武术了。一个经验老到的习武者能靠着巧劲儿而非蛮力，击败更强大的对手。李小龙个子矮小，但仅凭自己的飞腿和双拳，竟能击败数个持械壮汉，这神奇的能力让他成了国际巨星。武术发源于亚洲，体现了此地的哲学思想。具体来说，它体现了以下心理和生理技能：

- 专注；
- 自我防卫；
- 平衡力；
- 灵活性；
- 准备；
- 自制力。

本书将把以上每一种武术技能转化成解答问题的技巧，并向你示范该如何把它们应用到重要的“遭遇战”之中。我们的目标是让你一手掌控局面，帮助你赢取胜利。尽管我们用了整整一本书的篇幅才把它阐述清楚，但只需一个词，就可概括这一目标，这个词就是“控制”。当你碰到挑战性问题时，你可以控制：

- 问题；
- 你的回答；
- 提问者；
- 时机；
- 你自己。

辨识有效的管理

“管理”是“控制”的同义词。因此，人们下意识地认为，问题应对得当就是有效的管理。当然，目标听众并不会仅仅因为你得体地应对了一个挑战性问题，就认定你是一个好的管理者，但要是你不能得体地应对挑战性问题，他们肯定不会把你当成好的管理者。**面对挑战性问题，如果你一味地防御、推托、逃避，或是太好争辩，就会失去他人的信任，甚至可能无法达成目标。如果你的回答机智、确定、简明扼要，至少能免受伤害，幸运的话，还能大获全胜。**

戴维·贝列特（David Bellet），华尔街最成功的长线投资公司“国际皇冠顾问”（Crown Advisors International）的前董事长，他对行为和感知之间的因果关系有过一针见血的描述。该公司曾是多家成功企业如惠普、索尼、英特尔等的早期投资人，所以几乎每天都有人恳求贝列特给他们投资，而贝列特则常常向这些人提出挑战性问题。他说：

> 我提问题的时候，并不是真的想得到什么圆满的答案，因为不像演讲者，我其实对其所谈议题知之不详。我想了解的是，演讲者到底有没有认真思考过这个问题，他是否坦诚率直；面对压力，他如何控制自己；他是不是“胸膛中燃烧着一团熊熊的火焰”，他能不能昂首站在火线上。

战火的洗礼

我自己也曾经是“专提挑战性问题行业”中的一员。作为演讲教练，我指导过近 600 次 IPO 路演活动以及上千次范围甚广的其他演讲，比如为推广产品筹措私人资本、寻求合伙人、请求获取预算等。在此之前，我在纽约 WCBS-TV 频道（属于哥伦比亚广播公司）做了 10 年新闻和公共事务制片人。我学过戏剧这门经典艺术，对冲突造就戏剧性再了解不过了，于是就成了一名专提挑战性问题的专家。

我刚到哥伦比亚广播公司工作的时候，就遭遇了一次“战火”的洗礼。电视台派我到一套名为《看纽约》（*Eye on New York*）的纪录片节目中担任助理制片人。该节目的主持人是才转聘到哥伦比亚广播公司的迈克·华莱士。那时，他的代表作《60 分钟》（*60 Minutes*）还没拉开序幕，但他在另一家纽约电视台名为《夜击》（*Night Beat*）的节目里，凭借提问时表现出的咄咄逼人的气势，为自己赢得了良好的声誉，所以哥伦比亚广播公司相中了他。在《夜击》中，华莱士经常用挑战性问题轰击客座嘉宾，他下定决心要在哥伦比亚广播公司继续保持他“放大炮”的风格。他满心指望助理制片人为他的“火力”提供“真枪实弹”，可我没能做到。

幸运的是，因为学过如何设计挑战性问题，我在华莱士的“枪林弹雨”下幸免于难。在这个过程中，我也学会了如何应对同类问题。本书整理的这些技巧，经过了企业客户们 20 多年的严格检验。

本书深化了戴维·贝列特的观察，**它并不是要告诉你如何给出正确的答案，而是要你在碰到挑战性问题时，通过向听众展示你应对逆境、保持方向**

和控制力的自信心，在他们心目中树立起正面形象。

TIPS

魏斯曼
完美演讲

为什么商界人士会提出挑战性问题？因为当你陈述自己的意见时，就是在要求听众做出改变，所以他们会狠狠地打探你的底细。当你碰到挑战性问题时，可以通过向听众展示你应对逆境、保持方向和控制力的自信心，在他们心目中树立起正面形象。

IN THE LINE OF FIRE

HOW TO HANDLE TOUGH QUESTIONS—WHEN IT COUNTS

第 2 章

回答，至关重要

为了让你完全了解控制问答环节的重要性，首先让我们来看看失控的后果。碰到挑战性问题，大多数演讲者会采取以下两种反应方式：推诿逃避或恶斗到底。

推诿逃避

2007 年 4 月 19 日，美国司法部部长阿尔贝托·冈萨雷斯（Alberto Gonzales）前往参议院司法委员会，为司法部解雇 8 名联邦检察官一事的调查做证。根据《华盛顿邮报》对听证会的报道，冈萨雷斯在证词中使用了 64 次“我不记得了”或者类似的说法，比如“我记不得了”“我想不起来了”！

《华盛顿邮报》还形容了冈萨雷斯在做证时的招架行为：“在这漫长一天的大部分时间里，司法部长的反应就像个说谎被逮住的孩子。他的脚在桌子下面不停变换位置，双手握成拳头，偶尔会伸出去指着提问者。”

纽约众议员安东尼·韦纳（Anthony Weiner）是另一个推诿逃避的例子。2011 年阵亡将士纪念日的那个周末，一家保守派博客报道，韦纳曾在 Twitter 上向华盛顿的一名年轻姑娘发送了自己的一张不雅照片。这个故事立刻疯传开来，按《福布斯》的说法，成了“一场新闻报道的完美风暴，涉及社交媒体、政治丑闻，以及用韦纳的姓氏编排的搞笑文字游戏”。

起初，韦纳对整件事不予置评，说是有人盗用了他的 Twitter 账户恶作剧，但完美风暴并没有就此打住。为了自我辩护，韦纳参加了众多的电视采访，但他越是为自己开脱，就越是显得在推诿逃避。微软全国有线广播电视公司（MSNBC）的蕾切尔·玛多（Rachel Maddow）问照片是不是他的，韦纳这样回答：

> 这张照片我并不熟悉，但很多支持我的人看过这东西后提醒我，你懂的，这些东西可以做手脚。这些东西，你懂吧，你能改变一张照片，做些手脚，甚至伪造。所以，我不想肯定地回答，它或许一开始不是我的照片，但现在看起来成了不同的东西；或者，它或许是另一个账户发来的东西。我——我不——我无法确定。我不想肯定地回答，我也不想显得在逃避。我确实不知道。

恶斗到底

面对挑战性问题，不同的人有不同的反应。冈萨雷斯和韦纳推诿逃避，也有人采取了截然相反的方式：恶斗到底。罗斯·佩罗（H. Ross Perot）大概可以算是美国政界的头号好斗人物。他是个亿万富翁，素来有爱吵架的名头。

1992 年，佩罗以独立候选人的身份竞选总统，虽然他的选举活动搞得轰轰烈烈，但还是败给了比尔·克林顿。次年，他又带头反对克林顿支持的《北美自由贸易协定》。1993 年 11 月 9 日晚，事情到了摊牌阶段，佩罗和副总统阿尔·戈尔（Al Gore）在美国著名主持人拉里·金（Larry King）的电视节目上进行了一场恶狠狠的辩论。

在论战最激烈的时候，佩罗把话题转到了游说上：

各位都知道问题在哪儿，对吧？就是那些外国说客，他们坏了一锅粥。《时代》周刊一语道破天机，它说："不管克林顿的主张到底是什么，华盛顿的招权纳贿机早就挂上了高速挡。"《时代》周刊的头条新闻就是"说客的天堂"。

戈尔插嘴说：

我想回答一下这个问题。

拉里·金也示意让戈尔说话：

让他说吧。

佩罗却不依不饶地面对摄像机和观众，伸出食指摇了摇：

我们都被外国说客出卖了。这是我国有史以来最大规模的游说活动，一大帮外国人把《北美自由贸易协定》架在了我们的脖子上。

戈尔再次插嘴说：

我想回答一下……

但佩罗还没说完：

这是坏消息。好消息是，这么做行不通。

提出结论后，佩罗倾身向前，靠近摄像机自鸣得意地微微一笑，把发言权让给了戈尔：

我让其他人说吧。

拉里·金做了个二传：

好的，罗斯。

戈尔接过了话题：

谢谢。克林顿总统就任后通过的第一批法令就是对游说行为做出限制，并确立了一些新的规则。而且，我们也正在着手进行游说法改革。但如各位所知，我们刚才也谈到了这个问题，针对《北美自由贸易协定》所支出的每一元钱，我们都已告知公众。我之所以这么说，是因为我在国会工作。据我所知，还没有哪一个人就《北美自由贸易协定》进行的游说工作，比得上你（指佩罗）和你公司的代表为了争取给公司减税下的力气，但这是合法的。

佩罗发怒还击：

> 你胡说，你撒谎！

“你撒谎”算是恶斗之语的极致了。佩罗彻底表现出了自己好斗的性格。

戈尔怀疑地看了他一眼，说：

> 难道你没有游说筹款委员会，为你自己和你的公司争取减税吗？

佩罗僵硬地说：

> 你是怎么想的？你在说什么呢？

戈尔一板一眼地说：

> 这个话题已经讨论过多次了，我再说一遍，目前的游说活动没有不合法的地方。

佩罗气急败坏却又轻蔑地说：

> 这根本不是关键。我是在问你，你所说的主题是什么？

戈尔镇定地回答：

我说的是对国会的游说活动，你很清楚我在说什么。

这时佩罗面色铁灰。他怒目瞪着戈尔，强调说：

我是说，你要把话说清楚，说清楚！

戈尔继续施压：

难道你不曾向筹款委员会做过游说工作吗？难道你没有派人向筹款委员会游说，争取减税吗？

佩罗如受了侮辱般站起身说：

你到底在说什么？

戈尔试图进行解释：

20 世纪 70 年代的时候……

佩罗再次还击：

好，你继续说。

这时戈尔挺直身子，直直地盯着佩罗的眼睛，用最直白的方式提出了他的挑战性问题：

好吧，你是否做过游说工作？做过，还是没做过？我是说……

佩罗背靠墙壁，拼死挣扎：

你说得这么概括，我怎么回答得清楚！

罗斯·佩罗怒气冲冲的行为，跟亚利桑那州参议员约翰·麦凯恩旗鼓相当。后者自称是个特立独行的人，脾气倔并深以为傲。2008 年竞选总统时，麦凯恩把自己的竞选大巴称为“直话直说号快车”。不管是在参议院还是在媒体的唇枪舌剑里，他的苛刻言论常常让他占上风。但 2008 年 10 月 7 日，他在一场市政厅辩论里跟巴拉克·奥巴马交手，他的一贯做法却让自己吃了亏。麦凯恩说：

顺便说一下，朋友们，我知道你们对这种反反复复感觉有点疲倦了。这是参议院的一项能源法案，里头塞满了好东西，为石油公司提供了数十亿美元的资金，由布什和切尼发起。[①]

你们知道谁投了支持票吗？你们可能永远不会知道，就那个。

麦凯恩一边说着“就那个”，一边轻蔑地指了指坐在自己身后的奥巴马，但看都没看他。《华盛顿邮报》的保守派专栏作家凯瑟琳·帕克（Kathleen Parker）写道：“在那一刻，此举叫人大吃一惊是有原因的。我……不认为这是种族主义，虽然有些人这么说，但它是一种物化。‘那个’和‘那个人’

① 这里的布什和切尼指的是美国前总统小布什和他的副总统理查德·布鲁斯·切尼。——编者注

不是一回事，前者指的是物体，后者指的是人、一个人。‘那个’是个非人化的修辞手法，对此表示抗议是正当的。”

恶斗行为的最后一个例子，同样来自安东尼·韦纳，就是前文推诿逃避案例中的那一位。请原谅我玩文字游戏，但韦纳在“问答过道”的两头都有所表现。

2010 年 7 月 29 日，韦纳卷入用 Twitter 发不雅照片丑闻的一年多前，在众议院发表了一次慷慨激昂的演讲。这位坚定的民主党人强烈谴责共和党以多数票否决了一项法案，这项法案旨在为“9·11”事件受害者提供援助。他说：

> 在美国参议院，我们每一天都会看到它，议员们说：“我们想要修正案，我们想要辩论，但我们还是只得到一个‘不’。”接着，我们站起来说：“只要我们有另一套流程，我们就可以投‘是’。”如果你们相信“是”，那就投“是”。如果你认为这是正确的，那就投赞成票。如果你认为这是错误的，那就投“不”。我们正在遵循一套流程……

就在他慷慨陈词期间，众议院大厅里的另一个人想要插入一个问题或一段陈述。韦纳气愤之极地打着手势，大声说道：

> 我不会呼喝一位绅士，绅士会遵守正常的秩序。绅士会遵守正常的秩序！

恶斗到底和推诿逃避，是“战斗—逃跑”的同义词，也是人面对压力的本能反应。上述每一个例子都是以“战斗—逃跑”策略应对挑战性问题的。恶斗到底的罗斯·佩罗、约翰·麦凯恩和安东尼·韦纳表现得就像凶狠的街头打手；推诿逃避的阿尔贝托·冈萨雷斯和安东尼·韦纳则表现得像被火烧了屁股，拼命想要跑掉。

演讲者的行为和听众的感知

做出负面行为的演讲者，必然会给听众留下负面印象。阿尔贝托·冈萨雷斯的负面行为给参议院司法委员会里的共和党议员汤姆·科伯恩（Tom Coburn）留下了非常负面的印象，他告诉冈萨雷斯：“这件事应对得太无能了。沟通得糟糕透顶……其他做了这种事的人将承受什么样的后果，你就该承受什么样的后果。我相信，让这一切过去的最佳方法就是你提出辞职。”

4 个月后，四面楚歌的冈萨雷斯向小布什总统递交了辞呈。

用 Twitter 发送照片后短短 4 个星期，安东尼·韦纳内外交困，黯然辞职。

罗斯·佩罗在拉里·金节目里的表现，同样给民意造成了显著的负面影响。图 2-1 列出了辩论前一天和后一天的民意调查结果。

短短 48 个小时内进行的两次民意调查之间唯一的变数就是拉里·金节目中的辩论。显然，佩罗恶斗的行为让前一天尚未拿定主意的投票者变成了他的反对者。

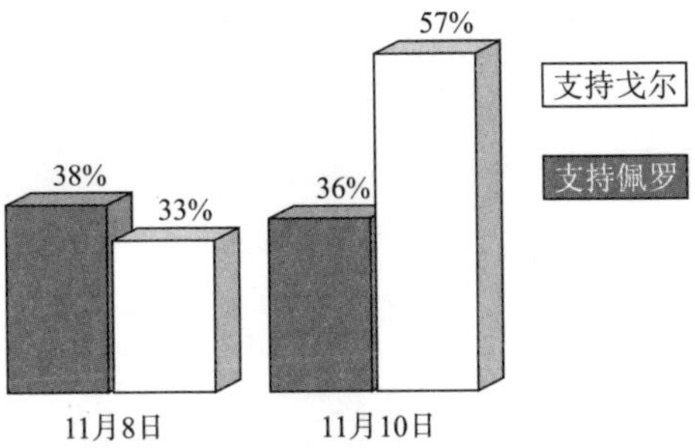

图 2-1　1993 年《北美自由贸易协定》民意调查（数据来源:《商业周刊》）

这次辩论后两个月，美国国会通过了《北美自由贸易协定》。

这场辩论的影响不仅于此，《拉里·金现场》（*Larry King Live*）的这期节目成为有线电视上收视率最高的节目之一。这个纪录保持了 13 年，直到《周一足球之夜》（*Monday Night Football*）的直播平台从美国全国广播电台变成娱乐体育节目电视网（ESPN）。

价值 600 万美元的演讲

最后一个应对挑战性问题时做出负面行为的例子，来自某公司的 IPO 路演。IPO 路演是最具挑战性的商业沟通。它指的是，公司上市的时候，公司管理者们设计一套关于公司状况的陈述词，在各大城市向投资者进行推介和宣传。在为期两周的时间里，他们每天最多要演讲 10 次，总计演讲 60 ～ 80 次。我们要说的这个例子是这样的。

某公司的生意很红火，收益率连续 16 个季度走高。他们的业务理念十分简单：把一种软件产品直接卖给零售市场。在过去的岁月里，该公司 CEO 曾多次对产品消费者和同行做过陈述，算是个中老手了。IPO 路演刚开始时，公司的预期股价是每股 9 ～ 11 美元。

然而，这位 CEO 从前主要是向接受能力很强的听众做陈述，不太熟悉投资者们提出的挑战性问题。每当潜在投资者向他发起挑战的时候，他的回答总是犹犹豫豫、模棱两可。

IPO 路演完成后，公司股票的开盘价是每股 9 美元，只达到了预期价格的最低值。公司一共发行了 300 万股，换句话说，CEO 的糟糕表现让公司股价缩水了 600 万美元。

网络路演因素

2005 年，美国证券交易委员会规定，向公众首次公开发行股票的公司必须将路演陈述放到网上，问答环节由此变得更加重要。从那时起，每家公司都会把自己高管团队做宣发演讲的视频及其所述内容的幻灯片，发布到 netroadshow.com 网站或它的同类网站 retailroadshow.com 上。所以，等到募股公司的高管出席会议时，大多数潜在投资人都已经看过他们的演讲了。

尽管如此，高管团队仍然要完成为期两周的艰苦巡回路演，因为没有哪个投资人会只根据一段包装漂亮的演讲就做出决定，花掉数千万美元购买 10% 的新发股票。投资人想要亲眼见到高管，跟他们握手，看着他们的眼睛，直接互动。所以，很多路演的重点并不是演讲环节，而是紧张激烈的问答环节。

所有这一切就又回到了戴维·贝列特的观点，也就是说：投资人来现场的目的，就是想看看演讲者在火线上表现如何。**投资人摸管理层的底，是想要了解他们在逆境下的反应。听众摸演讲者的底，是为了衡量其勇气。老板摸未来员工的底，是想试探他们的胆量。在所有这些挑战性交流当中，演讲者都必须做出正面行为，以在听众心目中塑造出积极的形象。**

要想知道怎么做，请接着看下一章。

TIPS

魏斯曼
完美演讲

在挑战性交流中，演讲者必须做出正面行为，以在听众心目中塑造一个正面形象。

IN THE LINE
OF FIRE

HOW TO HANDLE TOUGH
QUESTIONS—
WHEN IT COUNTS

第 3 章

掌控问答环节

士兵们进行实弹演习，为打仗做准备；运动员进行上千次的重复练习，为比赛做准备；政治家找来经验丰富的替身当作对手，一起排练，为辩论做准备。

当你为步入火线、接受提问做准备的时候，请让我们假设最糟糕的场景：对方问你的问题全是最具敌意的，就像迈克·华莱士在上千次采访中提出的那种大炮问题。如果你能学会应对这种问题，处理其他问题也就不在话下了。

让我们把门槛再提高些，假设你面对的所有提问都是当着很多人的面进行的，也就是以一对多的情况。如果你能在这样的情况下虎口脱险，就能在任何场合处理任何问题，哪怕是一对一的情况。

最大限度地控制听众

如果听众人数在 50 人以上，大多数情况下，演讲者都会拥有一个麦克风，而听众没有。这使得演讲者能够不被打断地做完演讲。在这种情况下，听众一般会把问题留到最后。

在听众较少的时候，情况则恰恰相反：由于对话的非正式性和即时性，听众会在演讲过程中的任何时候提问，把单向的演讲变成双向的讨论。不过，在这两种情况下，不管听众在什么时候提问，演讲者都必须一直保持控制力。

让我们先从听众多的情况着手。演讲快结束的时候，演讲者把提问的发言权交给听众，进入以下关键环节：

- 宣布进入问答环节；
- 确认提问者；
- 提问者发言；
- 发言权转回；
- 做出有效回答。

回答之后，上述循环回到起点，按顺时针继续进行，由其他听众提出问题（参见图 3-1）。

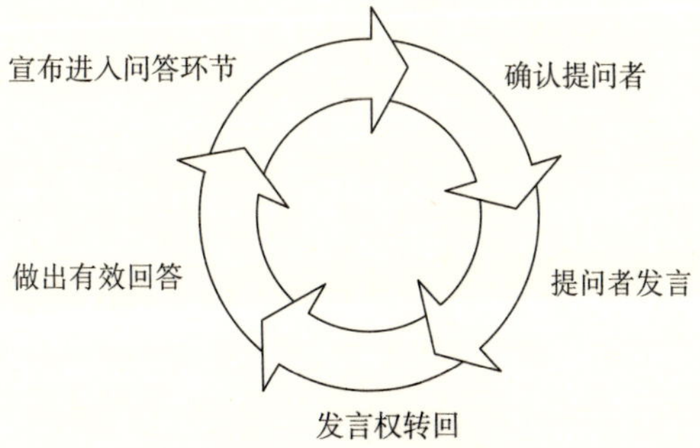

图 3-1　问答的循环

问答的循环

上述循环中的每一步，都为练习控制力提供了机会，你将看到，不管听众有多少，这些控制手段都很适用。

宣布进入问答环节

控制时间

演讲完成之后，你会以自己的方式宣布开始提问环节，比如“现在我们还有一些时间，可以提几个问题”“我要赶着去机场，没有时间回答提问了”“我们将在总结阶段接受各位的提问”“下午剩下的时间我会一直在这儿，回答各位提出的任何问题”。你说什么并不要紧，重要的是你要先说出来，给提问者一个提问时间预期。

接着，在提问时段接近结束的时候，你要提前开始倒数：“还有最后三个问题”“还剩两个”“最后一个”。

控制信息交换量

就像是在小学里一样，听众多的时候，大多数人只要想说话就会举起手来。即便听众人数少，人们也会这么做。你可以巧妙地利用这个习惯，在提问开始之前，举起你的手来，对听众做出暗示：如果想要发言，请举起手来。当开始问答环节时，你可以举起手说：“谁有问题？”虽然听众们不见得会照你说的举手提问，而是径直提问，但要是你这么做了，至少有了他们会举手提问的可能。当然，要是听众和你之间是平等的关系，这种做法就不太恰当了。要是站在你面前的听众是一群潜在的投资人或是董事会董事，你可别要求他们把手举起来。

人数少的时候，这些策略用不上。因为场合的非正式性会让你的暗示付诸东流。如果是这样，请跳过第一步，直接进入第二步。

确认提问者

假设在你做完演讲之后，台下举起了三只手，你必须选择其中之一。请摊开手掌邀请，不要用手直接指。很多时候，演讲者会用手指着他们选出的提问者。在面包店这么做没问题，但在演讲的时候就不太恰当了。要想避免提问过程中的这种下意识做法，可以做一道简单的算术题：一加三。伸出食指，同时也伸出另外三根手指，如此摊开手掌。请坦诚地对待向你提问的人。

在美国总统新闻发布会上，按惯例总统可以按名字抽选几名记者提问。你不是美国总统，你可能是公司总裁，但你没有这种特权。

举例来说，假设你认识约翰，但你不认识坐在他后面的那个人。你先认出约翰，叫了他的名字。接着你又让约翰后面的人提问，叫他“先生”，这第二个人就会感觉自己像个外人。

再让我们把顺序反过来试试看。你首先让约翰后面那个人提问，你叫他“先生”。这没有问题。接着你又让约翰提问，你也叫他“先生”。这因为你认识约翰，所以这不会对他构成冒犯。

确认提问者的基本原则如下：**如果你认识房间里的每一个人，那就用名字称呼他们。如果你认不全他们，那就都不用名字来称呼。如果你只叫选中的几个人的名字，容易让其他人觉得你对这几个人有所偏爱，甚至觉得你们之间互有勾结。**

提问者发言

假设你选出了房间里靠后居中的那位先生或女士，现在你要把发言权交给他或她，这是一个重大时刻。在做演讲的时候，你的引擎用尽全力运转着，但听众的引擎却闲着。现在你踩下了刹车，停了下来，而那个人的引擎却突然发动起来。

大多数人是怎么提问的呢？清晰、明确且简洁？不，大多数时候，他们的问题又长又啰唆。为什么会这样呢？是因为你的听众不够聪明吗？不是的，首先是因为他们才吸收了大量信息，正在思考你的想法，毕竟，你的大多数想法对他们来说是很新颖的。其次，这种智力活动主要在人的右脑进行，而右脑处理数据的方式是非线性的。最后，提问者突然之间成了其余听众关注的焦点，他会感到紧张。提问者还没整理清楚，所以说话时结结巴巴、杂乱无章，有时提出的甚至不一定像个问题。

与此同时，你对自己当前的主题有着深入和明确的认识，你警觉地接收到提问者不得要领的陈述，然而却备感困惑。这一切互相矛盾的动态因素能产生戏剧化的结果。

这样的动作，会在 5 秒内让听众泄气

请试试以下做法：站起身，让一位同事随便找个话题，向你问一个又长又乱的问题。他们刚开始，你就把手揣进兜里，踮起脚尖，身体往后仰。瞧瞧结果会如何。一般来说，对方的杂乱无章会变成语无伦次，速度也会放慢。你问问他对你的懒散姿态有什么感觉，他们很可能会说，那显得你根本就没用心在听。

我在课程中跟客户做这个练习时，他们告诉我，“你显得根本就不感兴趣”、“你觉得很无聊”、“你失去了耐心”，或是“你并不太在意”。

演讲者向听众散发出这类信息，会带来毁灭性的效果。这一刻阻碍了一切前进的步伐。你甚至无法进入问答循环中的下两个关键步骤：发言权转回和做出有效回答。实际上，在接下来的两章里，你要先学会进行发言时该怎么做，即有效地倾听。之后，我们才会考虑其余的步骤。

TIPS

魏斯曼
完美演讲

不管听众在什么时候提问，演讲者都必须一直保持控制力。

IN THE LINE OF FIRE

HOW TO HANDLE TOUGH QUESTIONS—WHEN IT COUNTS

第 4 章

不要让人觉得“你根本没在听”

《亨利四世》 第一幕第二场	福斯塔夫："我现在担心的是又不听又不记的毛病。"

"你根本就没在听！"有哪个人没被他人这样指责过？在所有人类沟通活动中，不管是人际、商业、政治还是国际关系，"没有听"都是导致失败的一个重要原因。在受福斯塔夫指控的恶人看来，倾听不过是等着说话罢了。

为了这一普遍真理"归谬"，不妨这样想，还记得你到餐馆吃饭的场景吗？你对服务员说，你的菜里不要蒜，不要熏肉，或者不要黄油。可等到饭菜上桌，你却发现菜里散发着大蒜的气味，熏肉块撒得到处都是，黄油抹了一层又一层。服务员不得不把菜端回厨房，甚至连小费也拿不到了。

如果人际交往中发生这样的问题，双方肯定会产生争执，甚至给这段关系带来永久的伤害。如果做生意的时候出现这种问题，结果可能是无法成交，无法获得赞许，或是拿不到投资。还记得前文举的例子吗？那个 CEO 对问题应对不当，拉低了公司上市的股价。

别做错误的回答

那为什么会有人在至关重要的沟通中犯下这种致命的错误呢？原因很荒谬：**大多数商界人士，不管是他们的本性、教养还是文化，都是受结果驱使的，一有了问题，就想立刻给予回答。**这种良好的意图，再加上看似有效的行为，使他们急着要为一个开放性问题做出答复。为了进一步实现自己的目标，他们还常常让专业的沟通顾问、公关咨询师或是媒体教练来帮忙，整理一长串挑战性问题清单以及一份对应的答案，为问答环节做准备。

其实把它们叫成“错误的回答”倒更合适些，因为要是还没弄清楚对方问题的关键点，你就给出了定好的答案，那么你的答案可能根本不合适。这或许又会让你继续绝望地在脑海里寻找合适的答案，结果还是给出了错误的答案。你的错误答案则会让听众内心发出“你根本没有在听”的呐喊，并做出相应的反应。

避免没仔细听的错误

有关这一恶性循环，1992 年 10 月 15 日发生过一个戏剧化的案例。总统老布什与他的对手、阿肯色州州长比尔·克林顿和傲慢好辩的亿万富翁罗斯·佩罗，正在进行第二轮总统辩论。几位候选人正分别面临一些挑战性问题：老布什总统正在应对经济衰退问题，克林顿州长则正在与近来被揭露的一桩私通丑闻、大学时抽大麻和反越战主张等问题缠斗。

当时，三位候选人齐聚弗吉尼亚里士满大学，回答普通市民的提问。主持人是美国全国广播电台记者卡萝尔·辛普森（Carole Simpson），她抽出的一位提问者是26岁的黑人女性马里萨·霍尔（Marisa Hall）。

马里萨·霍尔问道：

好的，我想问，国债对你们的个人生活造成了什么影响吗？

她在提问的时候，老布什总统看了看手表，请见图4-1。

图4-1　在一场总统辩论中，老布什在看手表

马里萨·霍尔接着问：

如果没有的话，那你们就不曾体验过普通民众的生活，这样你们怎能公平地为普通民众找出经济问题的解决之道呢？

老布什总统开始回答：

呃，我认为国债问题对每个人都有影响。显然……

马里萨·霍尔手里的话筒还是打开的，她说：

我是问对您个人的影响。

她说的是对“个人的影响”，老布什说的却是“对每个人都有影响”，他根本就没在听。此举打断了他既定的回答，但他仍然试图回到自己的思路上：

……（国债）跟利率很有关联。它……

主持人插嘴说：

她说的是“对您个人的影响”。

马里萨·霍尔则试着阐明自己的问题：

您，在个人的基础之上……国债对您有什么样的影响？

卡萝尔·辛普森想帮个忙：

它影响到您的个人生活了吗？

老布什总统回答：

当然有。我爱我的孙子们……

马里萨·霍尔的话筒开着，她温和的声音被播音系统放大后，响彻整个大厅。此情此景又被电视网传到了全美几百万观众的电视里，录进了成百上千盘录像带里。我们的后代也会看到这幅场景，听到她所说的话：

是怎样的影响呢？

这是她第二次问这个问题，可老布什总统仍未领会。他再次试图回答：

我希望他们有能力负担教育成本，我认为这是为人父母的一个重要部分。如果这个问题……或许我……理解错了。你的意思是不是说，有的人有办法不受国债影响？

都三次了，他还没弄明白。年轻的姑娘试图再次阐明，她的声音稍稍抬高了些：

呃，我想说的是……

老布什终于投降了：

我不太肯定我弄清楚没有……帮帮忙，我会回答的。

众人做了四次尝试，他才承认自己没有理解马里萨·霍尔的问题。年轻的姑娘想把话再说得清楚些：

我有些朋友被裁员了。

尽管脸上泛起一丝不耐烦的表情，但老布什总统还是想表现出自己在专心听着：

嗯。

年轻姑娘继续说：

我也认识不少人，他们供不起房贷和车贷。国债给我个人也带来了麻烦。但它对您有什么样的影响呢？如果您没有类似的经历，就不会明白我们的感受，那又如何帮助我们呢？

老布什总统似乎依然困惑不解，于是卡萝尔·辛普森又插话了：

我想她说的是经济衰退，是美国如今面临的经济问题，而不是国家赤字。

老布什总统觉得清楚了些，于是开始回答：

很好，听着，你应该到白宫来待上一天，听听我听到的那些话，看看我读的那些邮件，再见见我频繁接触的那些人。我到过洛马克斯教堂，那是华盛顿特区城外的一座黑人教堂。我读的报告涉及青少年怀孕、家庭入不敷出的困难等。我还跟家长们谈过话。我是说，你必须加以关注。如果人民过得不够好，那每个人都会在意。

他的声音略带戒备地抬高了，他继续说：

但我想，要是因为你没得过癌症，就说你不知道那种感受，这么说是不公平的。你知道，不管是什么事，因为你没亲身经历过，就说你不知道那是什么样的感受，这么说是不公平的。国债的还款利率升高，所有的东西都变得更贵了，每个人的生活都要受到国债影响。你我兜里的钱都是越来越少，就是这样。

但我想，说到经济衰退，要是你是美国总统，你肯定会感受到它。所以，我才努力刺激出口，鼓励更多投资，建立更好的教育制度。

谢谢你。我很高兴能把话说清楚。

但他根本没说清楚。面对年轻姑娘的问题，老布什总统冗长迂回的答案很清楚地表明，他不仅“根本就没在听”，而且彻底跑题了。这一负面印象再度恶化了 8 个月前他给人们留下的类似印象。1992 年 2 月，老布什到佛罗里达州奥兰多出席全美超市协会召开的年会。在会上，有人给他看了一个普通的电子条码扫描器。根据好几家报纸的报道，他似乎对这种 20 世纪 80 年代就普遍应用于超市的产品大感好奇。

克林顿的竞选经理詹姆斯·卡维尔（James Carville）抓住条码扫描器事件，发展出那条最著名的夸张口号："这就是经济，傻瓜。"在一个饱受经济衰退影响的国家里，马里萨·霍尔的问题切中了要害。这次事件也成了老布什在民意调查中票数一路下滑的转折点（参见图 4-2）。

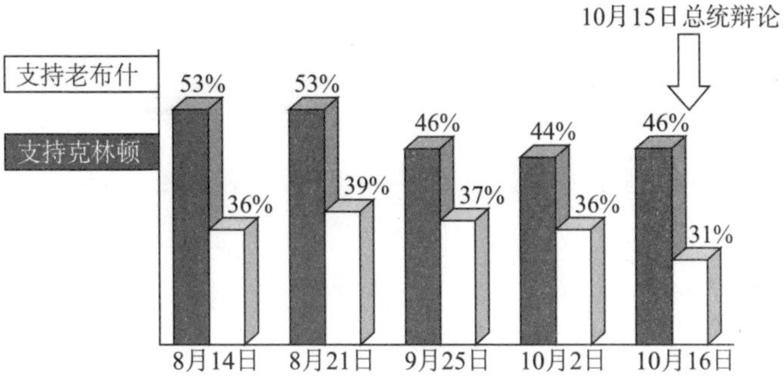

图 4-2　1992 年总统民意调查

政治家们通常认为，两大主要党派最后一次候选人提名大会召开过后，就是总统竞选战的正式开始。1992 年 8 月 14 日，共和党（老布什所属党派）提名大会结束时，由于多种原因，克林顿的支持率比老布什高出 17%，最主要的原因就是令人头疼的经济问题。而且，当年民主党（克林顿所属党派）提名大会比共和党先召开，媒体曝光对挑战者克林顿有利。在政治领域，这叫作"反弹"。

在共和党提名大会结束后的那一周（8 月 21 日），老布什也加强了自己的媒体曝光度，拿到了"反弹"，把他和克林顿之间的支持率差距缩小到了 14%。在接下来的几个星期里（9 月 25 日—10 月 2 日），老布什紧抓支持率。同一时期，罗斯·佩罗参选，这导致克林顿的支持率陡降，只领先老布什 8%。到了 10 月初，竞选进入白热化阶段。到 10 月 15 日，也就是市政厅辩论的那一天，马里萨·霍尔提出了她那对竞选产生决定性影响的问题。紧接着的第二天，老布什和克林顿的支持率差距就一路拉大，一直维持到 11 月选举日那天。

詹姆斯·卡维尔在有关竞选的回忆录里，提到了马里萨·霍尔那个问题带来的影响，他说："我真是巴不得出钱找人提这样一个问题出来呢！"

总统辩论中再也没发生过这类事件。4 年之后的 1996 年，候选人在事实上消除了这种跟进式问题。总统比尔·克林顿和参议员鲍勃·多尔（Bob Dole）都是经验丰富的辩论者，也是良好的倾听者。在他们的市政厅辩论里，没有一位市民提出过跟进式问题。两位候选人总是能抓住问题的关键，并根据他们的观点组织自己的答案。

又一个 4 年之后的 2000 年，组织方剥夺了人们提出跟进式问题的权力。老布什的儿子小布什参与同类市政厅辩论时，提问的规矩变了。他的对手是当时的副总统阿尔·戈尔。在那场辩论开始的时候，主持人、美国公共广播公司经验丰富的新闻播报员吉姆·莱勒（Jim Lehrer）就宣布说：

> 听众们，请遵守以下规则：不得提出跟进式问题，如果一定要提，请参加之后的讨论会。当提问者的问题问完之后，话筒就会关闭。就这样。

又一个 4 年之后的 2004 年，小布什总统参与了另一次市政厅辩论，这一回的对手是参议员约翰·克里（John F. Kerry），他的代表们提前制定了更严格的基本规则。会议主持人、《ABC 新闻》的查尔斯·吉布森（Charles Gibson）在 2004 年 10 月 8 日辩论开始的那天宣布说：

> 今天早些时候，听众们每人给了我一张像这样的卡片，上面写着两个问题，一个是他们想问总统的问题，一个是他们想问参议员的问题。我会选出该问哪些问题，并确定顺序。除了我，谁也没有看过最终清单，候选人就更没看过了。听众们提前不知道会不会抽中自己的问题。问题问完之后，听众的话筒就会关闭。

当然，1992 年的时候，马里萨·霍尔的话筒开着，整个世界都听到她说的“是怎样的影响呢”。她跟进式提问所引发的事件，给老布什带来了决定性和破坏性的影响。不错，在她提问的时候，老布什的确看了手表，表明他根本没听进去，但在他看了手表之后，他还有 55 秒的时间可以准备一个更为妥帖的回复。这段时间里，罗斯·佩罗插了进来。霍尔的问题是对他们三个人提的，佩罗抢了先。

年轻的姑娘一问完，佩罗就自告奋勇地说：

> 我来回答好吗？

主持人同意了：

> 当然，佩罗先生……当然可以。

佩罗问：

你希望由谁先开始？

马里萨·霍尔解释说：

我的问题是问你们三个人，所以……

佩罗接过发言权：

卷入这个活动让我的私人生活和企业都陷入了混乱，所以我很关心它。相信我，如果你了解我的家庭，如果你了解我的私人生活，用不了一分钟，你就会同意，干点啥都比搞政治好玩。

但我的生活就是一场美国梦。我来自一个普通的家庭。谁也比不上我幸运，能一路闯到这社会的顶端。对我来说，我最大的财富就是我的妻子和孩子。对任何家庭来说，事情都是如此吧。但我希望所有的孩子，希望今天在场的所有年轻人，都能像我一样，当除了梦想一无所有时，能够白手起家创建自己的事业。但他们必须拥有一个基本健康的经济环境，如果你欠了债，就像身上缠了镣铐。我只是认为，既然我如此幸运，这也就是我对他们欠的债，是我对下一代欠的债。从个人的角度来说，是我对自己的孩子和孙子们欠的债。

尽管有佩罗如此简洁、热情而切题的回答在先，但老布什接着回答的时候，还是给出了一个离题万里的答案，其间人们三次打断了他的话，这给听众留下一个清晰的印象：他根本就没在听。

对老布什总统来说，更糟的还在后头。他回答得杂乱无章，跟马里萨·霍尔的交流显得很尴尬。之后，轮到了比尔·克林顿回答。老布什坐回自己的凳子上，克林顿站起身来，朝马里萨·霍尔走过去，直接问她：

再跟我讲讲，它带给你什么样的影响吧。

他的这一举动让马里萨·霍尔一时失语：

呃……

克林顿为她找回了思绪：

你说你认识丢了工作和房子的人？

马里萨·霍尔表示同意：

嗯，是的。

“嗯，是的”等于是她在说：“你刚才听了我说的话呢！”在那关键的一刻，比尔·克林顿成了与老布什截然相反的表率。那关键的一刻铸就了这位黑马候选人的最终胜利，也宣告了老布什连任希望的破灭。

克林顿的话也是关键。老布什总统给自己带来负面效应的条码扫描器事件过去一个月之后，克林顿也碰到了类似的挑战时刻，但他却把这件事变成了自己的有利条件。1992 年 3 月 26 日，克林顿出席了纽约的一个政治筹款活动。在演讲中，艾滋病解放力量联盟（AIDS Coalition to Unleash Power）的成员鲍勃·拉夫斯基（Bob Rafsky）打断了克林顿的话，指责他在对抗艾滋病问题上还做得不够多。克林顿偏离演讲主题，对拉夫斯基做出回复，双方的交流很快变得激烈起来。过了一小会儿，两人吵得面红耳赤，最后克林顿说："我也有朋友因为艾滋病而死，我对你的痛苦感同身受。"由此，他为这次争吵画上了句号。

"我对你的痛苦感同身受。"还在竞选州长的时候，比尔·克林顿就见识过这几个字的魔力。它们成了他竞选活动的基调，也成了支持他一路顺畅地通往白宫的发动机。这句话的潜在含义不仅仅是"我听到了你的话"，更重要的是，它还意味着"我关心你"。

比尔·克林顿一听到马里萨·霍尔说"嗯，是的"，就接过了话头，迎了上去：

> 我在一个小州当州长，干了 12 年。我来告诉你国债对我有什么样的影响。每一年，国会和总统都会签署法令，让我们做更多的事，可办事的钱却越给越少。

现在克林顿转进了超速挡，他让自己的观点完全贴近马里萨·霍尔：

> 我在自己的州里见过普通人，普通的中产阶级。华盛顿提高了他们的税率，可他们享受的服务却减少了，因为政府裁减了富人的税。在我的州里，过去 4 年中，我认识了好些人，他们丢掉了工作，他们的工厂倒闭了，他们所在的企业破产了。

我到这儿13个月了，自10月份以来，我在全美遇到过好些像你这样的人……

克林顿说“像你这样的人”的时候，马里萨·霍尔无声地点着头。其实，她还可以举起话筒说一句：“你在听我说呢！”

正在此时，电视实况转播给克林顿和马里萨·霍尔来了个近距离特写，抓住了她赞成点头的情形。

比尔·克林顿继续说：

人们丢了工作，搞乱了生活，失去了医疗保险。但我希望你理解，造成这一切的并不仅仅是国债。

虽然在老布什总统回答的时候，卡萝尔·辛普森机智巧妙地更正了马里萨·霍尔对国债和经济萧条问题的误解，但克林顿依然抓住机会，原样重复了年轻姑娘所用的字眼“国债”，而且还进一步肯定了她。接着他回答说：

是因为美国没有投资于人民，是因为我们没有发展，是因为我们12年来的经济都在缓缓衰落。在工资水平上，我们头一回排到了世界第12名。我们连续4年都没能在私营企业中创造工作岗位。相较于10年之前，现在大多数人干的工作更多，挣的钱却更少。

这一切都是因为我们紧紧抓住一种错误的经济理论不放。而现在你们所要做的决定，就是关于你们想要什么样的经济理论。这不仅仅是说，我们要拼命干，而是说，我们到底要干什么？我认为我们必须向美国人民的工作投资，向美国人民的教育投资，控制医保成本，再次把美国人民团结起来。

切勿一错再错

让老布什连任竞选失败的连锁反应，完全可以追溯到这个关键时刻，即对问题做出了错误的回答。根据《华盛顿邮报》的报道，这一刻“在弗吉尼亚里士满大学留下了永久标记，当时有 105 名不记名投票者观看了这一过程，他们手持‘辩论测量仪’，当场把对候选人言辞的正面或负面反应记录下来。老布什回答了霍尔的问题之后，观众负面反应相当大，让老布什得了当晚最低的两次分数之一”。

老布什笨拙的回答，造成了一连串的雪崩效应，使他连任总统的梦想化为了泡影。“准备，开火，瞄准！”这是一个所谓关键性错误的经典例子，目标还没进入他的视线，他就扣动了扳机。

虽然有机会参与竞选美国总统的人很少，可实际上，每个想在事业上获得成功的人、**每个想在竞争中胜过他人的人，都必须避免“没在听”这个致命的错误。**解决办法只有两步，看起来简单，却有点违反我们的直觉。

- 正确地听；
- 恰当地回答。

在下一章里，你将学会第一步，即“有效倾听”的技巧，也就是老布什总统该如何正确理解马里萨·霍尔的问题。在随后的章节里，你将学会恰当地回答，并了解老布什该如何做出不同的回答。

以下有关如何回答的说明性指导放诸四海而皆准。它专为弥补挑战性问题和你的回答之间的鸿沟而设计。等你知道该怎么处理那道鸿沟时，就能够避免那种老毛病，正是它困扰了福斯塔夫，困扰了你的听众，最终也困扰了你的事业。

TIPS

魏斯曼
完美演讲

抓住提问者所提问题的关键，并根据自己的观点组织答案。

IN THE LINE OF FIRE

HOW TO HANDLE TOUGH QUESTIONS—WHEN IT COUNTS

第 5 章

学会有效倾听

《武术中的禅道》

让我先讲一个故事：有个大学教授向一位日本禅师询问有关禅的事。从谈话一开始，禅师就很明显地看出，教授对禅的知识根本没什么兴趣，一心只想用他自己的观点和知识打动禅师。禅师耐心地听着，最后邀请教授一起饮茶。禅师把客人的杯子斟满了，可还是一个劲儿地往里面倒水。

教授看着杯子里的水淌得到处都是，终于克制不住地说："杯子已经满啦，别再倒水了！"

"和这个杯子一样，"禅师说，"你的头脑里装满了自己的观点和思考。要是你不先清空杯子，我又怎么能给你讲解禅的奥妙呢？"

假设现在你完成了一次关键的演讲，而且表现得精彩绝伦。一切都很完美：你的故事充满雄辩力，演示幻灯片简明扼要，讲话富有表现力，因此听众们都在着迷地听着、看着。

这时，你开始了问答环节，你抽中了房间后面靠中间的那位先生。在前文中，我们把这一刻称为提问者发言。

那人开始提问，但在你听来，他却好像是在说外语。你感觉他的问题跟你所说的内容有点关系，但杂乱的提问却始终不着要点。身为一个爱追求结果的人，你很想帮他做出回答。

这就是老布什当时的情况。他想要为马里萨·霍尔提供一个答案，只是他的答案跟霍尔的问题对不上号。霍尔并没有问老布什的孙子如何，也没有问青少年怀孕的事情，更没有问华盛顿特区之外黑人教堂的事。她到底想知道什么呢？老布什到底应该怎么做才对呢？

清空你的想法

禅师的建议是：清空你的杯子。清空你的想法，这样你才能厘清提问者的想法。你需要专注。

专注是人类一切活动，尤其是体育运动的基础，在生死攸关的武术格斗中，更是万万不可掉以轻心。

2003 年拍摄的电影《最后的武士》（*The Last Samurai*）对此进行了生动的刻画。在片中，汤姆·克鲁斯扮演一名美国士兵，他想要成为日本武士，学习用武士刀作战。导演爱德华·兹威克（Edward Zwick）先用广角镜头拍摄比武场面，一直拍到某个重要关头；接着又从克鲁斯的角度，用特写镜头重放同一场面，借此捕捉到克鲁斯专注的样子。当克鲁斯在一个关键时刻观察对手时，对手的一举一动都成了极慢的动作，他看出了漏洞，知道该如何击败对手。他的专注帮助他取得了胜利。

在问答的过程中，你要像克鲁斯那样，专注地倾听提问者的每一个重要字眼。在战斗最激烈的关头，在听众目光的注视下，这么做很困难。解决办法就是，踩下刹车。躲开“准备，开火，瞄准”的陷阱。**别想着怎么回答，要倾听关键论点。**倾听指明问题本质与核心的一两个字眼。

不幸的是，关键论点总藏在一大堆多余的话里。这些多余的话里，有些是错误的信息。马里萨·霍尔把国债和经济衰退弄混了，主持人卡萝尔·辛普森努力想把它弄清楚：

> 我想她说的是经济衰退，是美国如今面临的经济问题，而不是国家赤字。

尽管辛普森女士是出于好意，可她这么做却让讨论偏离了中心议题。

还有些多余的话是马里萨·霍尔的情感流露，但这些话掩饰了她的问题：

> 我有些朋友被裁员了。我也认识不少人，他们供不起房贷和车贷。

遮掩主题的多余的话在任何问题里都会出现，这可能是由于：

- 非线性的右脑思维；
- 未经准备的即时讲话；
- 站在观众前面感到紧张。

综合以上所有因素，大多数问题都是慌里慌张提出来的，往往是一大堆多余的话把关键议题藏得严严实实，在演讲者听来，完全是一堆乱七八糟、含义不明的字眼。

对你而言，挑战就在于，把所有的线头都厘清，直到罗马石柱展现在你面前。

抓住关键议题

在古罗马时期，伟大的雄辩家，比如西塞罗，要双手空空地在宏伟的论坛上一口气演讲好几个小时。他们手里不拿提纲的原因是，几百年以后，中国人才会把纸发明出来。于是，这些雄辩家就把大殿四周庄严的大理石柱当作演讲提示。演讲的时候，他们在大殿上走来走去。他们停在不同的石柱下时，就会转入不同的主题。每根石柱都代表着相关论题的特定要点。在你进行重要演讲的时候，在开始问答环节之前，你必须找到自己的罗马石柱，找出你的关键议题。[①]

马里萨·霍尔问题的罗马石柱是什么？

---

① 如果你想了解更多关于罗马石柱的说明和它的使用技巧，可以看我的另一本书《魏斯曼的演讲大师课 1：说的艺术》。

马里萨·霍尔问题中的重要字眼是“怎么”，也就是这个词，把老布什卡住了。她想知道，如果候选人对国家经济问题没有亲身体验的话，怎么能够解决它。她还有一个“什么”，即这些经济问题对候选人有什么样的影响。虽然这个“什么”在她的问题中最先出现，但相较于她最关心的论点，它只是个附属品。她最关心的是：这三位候选人，有两位是千万富翁，另一位则是职业政治家，连任过两届州长，他们这样的人显然不会面对个人的经济问题，那他们能否解决美国的经济问题呢。这构成了一根双层罗马石柱：第一层是经济问题对他们个人的影响，第二层是他们提供解决办法的能力。

马里萨·霍尔问了两次，每一次都强调了“影响”，而在提到解决办法时，她第一次用的是“解决之道”，第二次用的是“帮助”。而她第一次说的时候，老布什总统正在看手表。她说：

> 国债对你们的个人生活造成了什么影响吗？如果没有的话，那你们就不曾体验过普通民众的生活，这样你们怎能公平地为普通民众找出经济问题的解决之道呢？

第二次，则是在四次努力都失败之后，老布什总统请她帮助自己弄清问题。她回答说：

> 但它对您有什么样的影响呢？如果您没有类似的经历，就不会明白我们的感受，那又如何帮助我们呢？

你找出这根罗马石柱了吗？如果没有的话，别担心。我曾向我的客户播放过这次交流的录像带，然后停下请他们回答。很多人都看过这段录像，可只有 1/4 的人能做出正确的理解，剩下的人都被国债和经济衰退的讨论搞昏了头。他们认为罗马石柱仅仅是国债或经济衰退对候选人本人有什么样的影响。这很接近，但还没说到点子上。真正的重点是：既然你地位优越，那么你如何能够帮助我们？

实际上，在跟马里萨·霍尔的交流中，老布什有两次都碰到了她的主要关注点。一次是在老布什努力理解霍尔的问题时：

> 你的意思是不是说，有的人有办法不受国债影响？

但是老布什的自我保护意识太强，消极地用自己的问题转述马里萨·霍尔的问题，把自己逼到了死角，无法脱身。于是他放弃了，转而请年轻的姑娘重新叙述问题。等她说完之后，他有点不着边际地回答了有关能力的议题：

> 但我想，要是因为你没得过癌症，就说你不知道那种感受，这么说是不公平的。你知道，不管是什么事，因为你没亲身经历过，就说你不知道那是什么样的感受，这么说是不公平的。

他的话里又一次充满了否定词：2 个“没”，5 个“不”。这使他滑进了倒车挡，再也没法把回答转为正面基调。

事实上，三位候选人都没有专门回答“能力”的问题，他们直接拿出了自己的解决方案。既然马里萨·霍尔寻求的是“为普通民众找出经济问题的解决之道”，那么这么做也是可以接受的。

比尔·克林顿清晰地听到了霍尔的两个关注点。他把罗马石柱给指了出来。他先说的是影响问题：

> 我在一个小州当州长，干了12年。我来告诉你国债对我有什么样的影响……

接着他用第二根罗马石柱总结了自己的回答，也就是他的解决办法。他分别用“投资”、“控制”和“团结”等字眼，强调“怎么做”。

> 我认为我们必须向美国人民的工作投资，向美国人民的教育投资，控制医保成本，再次把美国人民团结起来。

罗斯·佩罗也清楚地听懂了马里萨·霍尔的问题。他先回答的是她的第一个主题：影响。

> 卷入这个活动让我的私人生活和企业都陷入了混乱，所以我很关心它。

接着以第二个主题总结自己的回答：他的解决方案。

> 我希望今天在场的所有年轻人，都能像我一样，当除了梦想一无所有时，能够白手起家创建自己的事业。但他们必须拥有一个基本健康的经济环境。

实际上，老布什总统也在回答的最后部分提出了自己的解决办法：

但我想，说到经济衰退，要是你是美国总统，你肯定会感受到它。所以，我才努力刺激出口，鼓励更多投资，建立更好的教育制度。

但在他长达 70 秒的回答中，这些“做什么”来得太迟了。在此之前，他弄错了开头，做了四次糟糕的尝试，两次被人打断，讨论跑题，再加上最后不着边际的漫谈，等他终于回到正轨，一切已经为时晚矣。克林顿和佩罗也是在回答末尾才提出解决方案的，但他们的回答一开头用的都是第一人称，因此切合了霍尔所关心的议题。老布什的开头却大而化之：

呃，我认为国债问题对每个人都有影响。

通过这种概括性说法，老布什总统实际上拉开了自己与经济问题的距离。更糟糕的是，在他这么做的时候，他忽视了马里萨・霍尔的罗马石柱，促使霍尔提出了另一个致命的问题，而这反过来又向观众传达了这样的信息：老布什总统根本没用心听。想想看，要是老布什总统一开始就用自己的最后几句话作答，那会出现怎样的情形：

我努力刺激出口，鼓励更多投资，建立更好的教育制度。

当比尔・克林顿离开座位，走向马里萨・霍尔，问她：“再跟我讲讲，它带给了你什么样的影响吧。”她不由得回答道：“嗯，是的。”接着，三句话之后，克林顿这样拉开了自己回答的序幕：“我来告诉你它对我有什么样的影响……”他向观众表明，他刚才在用心听。

在问答过程中，你得学学克林顿：仔细倾听观众，招揽自己的观众，让对方情不自禁地说出“嗯，是的”。

默读对方的问题

默读，是帮助自己积极倾听的一个简单办法。低声对自己说，或无声地说出代表罗马石柱的字眼。“他问的是竞争”或者“她关心的是成本”，又或者“他想了解时机的问题”。

实际上，老布什总统在第三次试着回答时，用了一种类似默读的方式。他措辞讲究地大声说：

> 你的意思是不是说，有的人有办法不受国债影响？

这只说中了霍尔想表达的含义的一半，而且是不重要的那一半，因此老布什总统没能像克林顿那样，得到对方的“嗯，是的”。于是他不再尝试弄清关键主题，而是放弃了。他说：

> 我不太肯定我弄清楚没有……帮帮忙，我会回答的。

这里的教训就是，要仔细听清罗马石柱，用默读的方式将之阐明。想想关键词，也就是切中提问者议题的一两个名词或动词，读给自己听，但不要急于回答。

展示专心致志的肢体语言

积极倾听的另一个重要部分是你专心致志的肢体语言。还记得前文讲过，演讲者不过是在默默倾听时做出稍微有点懒散的样子，就带来了极大的消极后果。当对方在提问时，你不仅要在心里专心地分析他的话，还要让自己方方面面都显示出专心的样子。

- **稳定的姿势**。把身体重心放在双脚上。
- **视线的接触**。要让你的视线像激光一样，牢牢地锁在提问者身上。
- **点头**。表明你正处于接收信息的状态。
- **声音上的赞同**。多用几个“嗯”“啊哈”。
- **手指别乱动**。不要捻弄指头。如果你的手指停不下来，不妨狠狠地快速捏一下指尖，这有助于减缓手指的紧张感。

不要急于回答

现在让我们回到之前提到的场景，你把发言权交给了房间后面靠中间的那个人。我们假设你仔细地听了，你专心地默读了，你“嗯”了好几次，你不断地点着头，但你仍然没弄明白。

这就是老布什犯下致命的“不理解”错误的那一刻，他正如禅师所说的那样，“头脑里装满了自己的观点和思考”。老布什总统推测：

> 你的意思是不是说，有的人有办法不受国债影响？

因为他说得不切题，马里萨·霍尔开始纠正他：

呃，我想说的是……

她的重音落在“说”字上，表明她感到很沮丧，故此重复并肯定了詹姆斯·卡维尔提出的竞选口号：“这就是经济，傻瓜。”与马里萨·霍尔的表达方式类似的还有：“呃，我真正想问的是……”重音落在“真正”二字上。提问者声音里略显出的急躁的强调之意，会像野火一样在观众当中蔓延。在老布什总统的例子里，观众就是当晚观看辩论的上百万美国民众，也就是大多数选民。

有些演讲者在没弄清问题的时候，会试图打断提问者的话。他们会说“让我看看这么理解对不对……”，这是一种错误的做法。这样做等于是给了提问者机会，让他们说出：“不，你理解错了！”换言之，就是“你根本没在听”！

有些演讲者会犯另一种错误——装傻。他们听到了问题。房间里的其他人都听到了问题，但演讲者用一种无辜的语气说道“能再重复一下问题吗”，这显然是在装傻。

有些演讲者一开始就没有理解问题，但他们会把错误的答案一直说完，如此自然会招来提问者的怒目而视。要是演讲者问（很多人都爱这么做）：“这样回答解决了你的问题吗？”或是类似的说法：“你问的是……”提问者就有了说“不”的机会，从而再次表达出这样的信息：“你根本就没在听！”

请把类似下面的话从你的字典里拿掉。

- 让我看看这么理解对不对……
- 能再重复一下问题吗？
- 这样回答解决了你的问题吗？
- 你问的是……

如果你没能完全理解问题，请设想你和听众之间存在一条粗体红线。所谓完全，是指 100%，而不是 99.999%。不要跨过这条线，不要让发言权转回，不要回答，不要打断。精神分析师也无法阐释遮遮掩掩的信息。此外，请接受这一忠告：不要臆断。

相反，你要把主动权交给对方。你只需对他说："对不起，我没弄明白，你能把问题再讲讲吗？"这样做就等于你主动揽下了"没弄明白"的责任，而不是向提问者指出，他问的问题莫名其妙。

提问者会怎么做呢？他会重新思考自己的问题，用更简单的方式把它复述一遍。这样你就能脱身了。关键仍然是以积极倾听为基础：除非你完全领会了罗马石柱，否则就不要回答。

在美式橄榄球里，有个衡量成功的重要统计数据，叫"持球跑距离"（Yards After Catch），指的是接球手拿到球之后，带着球跑了多少米。出色的接球手在接到传球后能跑很长距离。不那么出色的接球手虽然很想变成高手，但往往还没接到球，眼睛就偏离了目标，跑了起来。他们没能接到球，跑多远都不算数。他们失败了。

这里也能套用上述比喻。手没碰到球之前，绝对不要踏出一步；没完全领会罗马石柱之前，不要妄做回答。

通过积极倾听，你能自己找出罗马石柱，或是请提问者澄清，让你逐渐领悟。不管你采用哪种方式，总之，你的脑子里要牢牢地抓住关键议题。等到了这时，也只有在这时，你才能最终进入暂停状态，前往问答循环的下一步：发言权转回。

TIPS

魏斯曼
完美演讲

别想着怎么回答，要倾听关键论点，倾听指明问题本质与核心的一两个字眼。

IN THE LINE OF FIRE

HOW TO HANDLE TOUGH QUESTIONS—WHEN IT COUNTS

第 6 章

发言权转回

《一刀流秘传》 | 与敌成一体，恰若镜中影。|

当你的问答循环从“提问者发言”转入“发言权转回”时，这一动态的变化为你练习控制力提供了另一个机会。此时，能量从提问者转回到了你身上。

让我们回到前面聚焦的那一刻，也就是你把发言权交给房间后面靠中间的那位先生或女士之后。他（或她）问完了一个冗长拖沓的问题，而你，不管是靠你自己也好，靠他（或她）的重述也好，完全领悟了他（或她）问题里的罗马石柱。身为一个受结果驱动的人，你渴望给他（或她）一个答案，但假设这位先生或女士的问题极具挑战性：“请稍等！你告诉我说，你的产品能帮我们省钱，可你的定价却比竞争对手高两倍！真是可恶之至啊！你怎么能开这么高的价？”

假设你这样回答这位非常生气的先生或女士：“如果你能仔细想想我们解决方案的总体成本，肯定就会发现，从长期来看，它的费用低得多。”

这样一来，你就是在告诉潜在客户他（或她）错了。毕竟，他（或她）的问题得出的明显推论是，你的索价太高，而你的回答则表明，你的要价并不高。

此时，这位生气的先生或女士会觉得你太好辩，就像公众对罗斯·佩罗的感觉一样。在就《北美自由贸易协定》问题进行辩论时，他咆哮着回答阿尔·戈尔："你胡说！你撒谎！"对你来说，要是潜在客户产生了这种感觉，肯定不会给你下订单。

还有一种传统的方法，也就是重复问题。可要是在对方问"你怎么能开这么高的价"之后，你立刻回答说："我们怎么能开这么高的价呢？"结果，你的重复，反而强化了听众的印象，使他们认为你的确索价过高。

更糟糕的是，在回答的时候，你很可能会采取防御性说法作为开头："如果你能仔细想想总体成本……"从本质上来说，你是在推进一个消极的平衡。

因此，**要是你听到了一个挑战性问题，不要反驳，也不要重复；相反，你要释义或变换措辞。**

用问题解释问题

在字典里，对"释义"的定义如下：用其他形式或使用其他字眼，重新阐述一段文本或一个段落，通常是出于澄清的目的。

这里的目的是，在你的问答过程中，利用"释义"，用另外的形式阐述挑战性问题，从而偏转挑战的矛头，控制其意义。这和"复述"有着根本的不同，因为复述会强化挑战性问题中的潜在消极推论。消极的陈述带给人们消极的感受。要解释原先的问题，不妨以一个疑问词开头，如：

- 什么……？
- 为什么……？
- 怎么……？

之后，用一个问号结束你的释义。这些开始语都是为了指明初始问题的核心：罗马石柱。

请注意，**释义只是对原始问题进行结构变形，而不是针对原始问题再次提问。**就像老布什总统揣度说："你的意思是不是说……？"结果让他学到了痛苦的一课。**针对问题再次提问，是个注定要失败的技巧。**

用问题回答问题，同样是一个注定失败的技巧。在一些销售培训当中，"为什么你这么问"是个很受欢迎的逃避手法。但提问者会觉得你是在逃避问题，从而感到受挫和愤怒。而听众的愤怒必然会导致演讲者的失败。

一个良好的解释仅仅是把原始问题的词序调整一下，保留罗马石柱。**解释和提问的不同在于，在句子末尾，解释的语调是降调；而提问则与此相反，是升调。**

现在，让我们再来看看最初的问题："请稍等！你告诉我说，你的产品能帮我们省钱，可你的定价却比竞争对手高两倍！真是可恶之至啊！你怎么能开这么高的价？"

如果你重复说“开价过高”“价格高”“昂贵”“花钱多”，你就只看到了表面情况，也就是提问者对你方产品价格的感觉或情感。

罗马石柱是价格。这就是球的中心，和其他细枝末节完全没有关系。这也就是一刀斋师父说的，恰若对手的“镜中影”。

现在，用一句解释把“价格”这个词揉进去。

- 为什么我们选择了这个价格呢？
- 我们是怎么得出这个价格的呢？

请注意，如果你把初始问题中带有感情的形容词，如“可恶之至”“高两倍”“这么高”等剥个干净，也就消除了对方的恶意。接着，在你开始回答的时候，你就可以只强调价格本身，而用不着解释它到底是太高还是太低。

在释义中和你的对手结为一体，就等于是把战场给抹平了。这正是武术防卫的本质：以巧劲儿抗蛮力，这样你们就展开了一场公平的辩论。

在问答过程中进行释义，你用不着应对提问者潜在的敌意，而只需回答对方的问题。一旦提问者意识到你确认了他的问题，他就不会恼羞成怒地说：“我真正想问的是……”相反，他会同意地点点头，让你继续回答完毕。

提问者点头，完全是一个下意识的动作。在对客户进行私人培训的时候，我会让他们互相提出挑战性问题。要是回答者做出了正确的释义，提问者总是会同意地点点头。要是释义错了，他们则不会点头；相反，他们大多会皱眉或摇头。虽然这个练习只是模拟活动，参与者彼此都是同事而非对手，但只要释义正确，人们都会点头。

让我们再来看看另外一个充满敌意的问题：“市场上还有几十个新创业的小公司干着跟你们一模一样的事情，还有那些巨头公司，占据着庞大的市场份额。外面是个弱肉强食的世界，而你们才蹒跚起步，你们凭什么认为自己能生存下来呢？”

其中的罗马石柱是什么？

但愿你别说是“生存”。图 6-1 表明了不能说“生存”的原因。

图 6-1　释义的定位

请看上图，请把中间的浅色区域看作“安全区”，两旁的深色区域看作“危险区”。你的目标是把罗马石柱放在安全区。

如果你重复挑战性问题“我们凭什么认为自己能生存下来呢”，你就掉在了左边的危险区，因为你肯定了对方认为你无法生存的合理怀疑。听众们会觉得你是在承认自己有罪。

如果你用自己的释义对挑战性问题加以反问“为什么我们会在这个弱肉强食的世界里获得成功呢”，你又掉进了右边的危险区，因为你否定了提问者对你们生存能力的关注。听众们会认为你太好辩了。

这个问题的罗马石柱是“竞争”。你可以这样释义：

- 我们会怎么竞争呢？
- 我们的竞争策略是什么呢？

找出罗马石柱，把它安放在安全区域。你的释义只能涉及你们如何竞争，切勿谈到你们能不能竞争。**释义要尽量简短，越短越好。要反射对手的提问，消除问题中的恶意。**

这里还有一个挑战性问题：“你知道这是一个男性居主导地位的行业。大多数购买决定，都是哥儿几个挤在烟雾缭绕的小黑屋里做出的。身为女性，您认为自己该如何打入这个男人的世界呢？”

这个问题的罗马石柱是什么？

但愿你的回答不是“大男子主义”或者“性别歧视”。要是这样想的话，你会针对提问者的价值观和情绪，也就是核心之外的条条框框，做出回答。这里的罗马石柱是“能力”，你可以做出如下释义：

- 要接触决策者们，我的能力体现在哪些方面呢？
- 我有能力接触决策者们吗？

这种敌意问题还有一种版本："你看起来就像个孩子！我猜你干这行还不久。早在你出生前我就开始干这行了，你却跑进来告诉我该怎么经营我的生意。你凭什么指导我该怎么做？"

罗马石柱同上，仍然是"能力"，而非年龄。释义如下：

- 我为你提供建议的能力体现在哪些方面呢？
- 我是否有能力为你提供建议呢？

前面提到的所有冗长、拖沓、充满挑战性的问题，都可以归结到三个词上："价格"、"竞争"和"能力"。

每个问题中的敌对情绪，都可利用释义加以消除。请注意，所有的释义都是中立的问题，有助于你给予积极的回答。请对比老布什总统在马里萨·霍尔提问后、发言权转回时使用的潜在消极措辞：

你的意思是不是在说，有的人有办法不受国债影响？

说了这样的话以后，一切回答都会显得充满防御感。想一想，要是他这样释义："我该怎么帮助你呢？"情况又会如何？

跟在这个解释之后的答案，可以包含表示行动的动词，老布什也可以针对马里萨·霍尔质问的"怎么"，阐明他提供解决之道的能力。

释义能将你定位在安全区的正中央，帮你做好朝着积极方向前进的准备。你也可以利用这一极为有效的技巧，控制其他类型的挑战性问题。

挑战性问题的 5 种类型

消极问题

> 这是个充满兼并的年代。银行间兼并，制造公司和药物公司兼并。人人都争着把命运跟别人拴到一起。你为什么不跟本行业的大公司合并，却要反其道而行之，做个独行侠呢？让人收购，跟人合并或搞合作，对你来说都可以啊。

这个问题的罗马石柱是什么？

这个问题的潜台词是：提问者认为你该选择兼并之路，可为什么你不这么做呢？为什么你要花时间做演讲，告诉听众你会怎么做，为什么要单干，力争市场的主导权呢？

这里的罗马石柱是“独立自主”。

如果身为演讲者，你把时间用于回答“为什么你……”这一类的问题上，只会招致更多消极的问题，使你疲于应对。相反，你只需强调，为什么你要继续坚守你在演讲中所说的事业，就能把消极问题变为积极问题。解释如下：“为什么我们仍然要保持独立呢？”

不相干的问题

你的商标里，这两个词中间没有空格，是怎么回事啊？

这类问题往往会惹得演讲者微微一笑、窃笑或皱皱眉头，它们都代表着演讲者对提问者的轻视。当你在做演讲的时候，绝没有什么问题是不相干的，来自每一位听众的每一个问题都是相干的、恰当的。只要他们问，你就要答。

你可以用这样的释义来压抑你的窃笑或皱眉："我们的商标设计背后有什么样的含义呢？""为什么我们的商标采用这样的风格呢？"

多重问题

对你来说，解决相关联的多重问题没什么难度，比如说："去年你们的研发费用是多少？它在你们的收入中占百分之几？你们的研发模式如何？"任何稍具财务头脑的人都能轻松应对以上三个问题，因为它们互有关系。

可要是针对毫无关联的多重问题，那可就难办了。在这样的情况下，很多演讲者对其中一个问题进行了深入的解答，可却忘了应对其他的问题。这时，演讲者往往转向提问者说："你的另一个问题是什么来着？"

听众们会觉得："你根本没仔细听！"

用不着浪费脑子，刻意记住其他人右脑非线性的数据垃圾。你只要选择其中一个问题就行，最简单的那个、最难的那个、最末的那个、最初的那个、让你吃惊的那个或让你期待的那个，都行。解释这个问题，回答它，然后转向提问者，用一种斩钉截铁的语气说：“你还有一个问题！”

提问者要么会重复另一个问题，要么会说“没有了，你已经解答了我的疑问”。在现实的回答环节中，后一种答复相当普遍，因为大多数人都记不得自己右脑漫无目的的随想。不管是哪种情况，你都解脱了，可以继续回答第二个问题，或是抽选下一位提问者。

应对多重问题的另一种方法是，在对方提问时把问题写下来，向听众表现出带有尊重的专注感。奥巴马在自己第一个任期之初的一次新闻发布会上运用了这一技巧。

《纽约时报》的杰夫·泽莱尼（Jeff Zeleny）问他：“在上任的前 100 天里，这间办公室最叫你吃惊的是什么？在这间办公室工作最让你着迷的是什么？最让你感到谦卑的是什么，最让你感到烦恼的是什么？”

奥巴马立即把手伸进外套口袋，拿出一支笔说：“让我把这个记下来。”这令在白宫东厅聚集的人群发出一阵笑声。

奥巴马动笔的时候，泽莱尼开始重复自己的问题：“吃惊……烦恼……”

奥巴马说：“我……第一个是什么来着？”

泽莱尼重复了一遍：“吃惊。”

奥巴马跟着说：“吃惊。”

泽莱尼重复说：“烦恼。”

奥巴马重复道：“烦恼。”

泽莱尼重复道：“着迷。”

奥巴马重复道：“着迷。”然后他微笑着补充道：“很好。”这引发了更多的笑声。

陈述式问题

有些问题表面上不是问题：“你的新解决方案似乎很有效，但它才刚刚发布，你也不知道它是否还存在什么缺陷。在我购买之前，我希望它已经过实战的检验。对我们来说，它现在还不适用。”

如果你正在为一种大有前途的新产品进行前期推广，肯定不希望这次交流的结果是对方不买账。你可以利用释义把对方的陈述变成问题：“为什么您现在就需要采用我们的新产品呢？”这样一来，你就能够转而回答，为什么希望潜在客户第一批使用你的新产品，享受它的诸多好处。

列举材料式问题

最后一种挑战性问题是涉及陈述内容的问题。你肯定遇到过这种情况：演讲者对一种新产品进行了极为详尽的介绍，结果听众中却有个人站起来问了一个之前已经讨论过、有关该产品主要特性的问题。如果这是在公司内部会议上，其他听众大概会报以响亮的嘘声。在对外会议上，其他听众互不相识，他们往往会克制住嘘出声的冲动，在心底叹息。

演讲者跟听众之间也没有联系，他可能会表现得很有礼貌，克制住自己的叹息声，但他大概会这么开始回答："之前我说过……"从表面上看，这么说无伤大雅，其实却暗含着对提问者的不耐烦，甚至会给人高高在上的感觉。

相反，你要径直回答，就好像你从来没谈到过这个主题一样。"绝对如此！说到这个功能，我们的新产品比市场上所有其他产品都要出色！"这时，你再把新产品的主要特性概述一番。不过，千万要抗拒诱惑，别站在肥皂箱子上反复强调演讲中已经说过的详尽细节。要简洁！

避免追溯式说法，可以带来三个明显的好处：

- 强化了你的卖点；
- 肯定了提问者，而不是否定；
- 创造了积极的感觉。由于在座的听众都曾听到你阐述过问题中的材料，又看到你耐心而积极的态度，他们会认为你是个善于控制情绪的人。处变不惊、镇定自若，这就是有效管理。

这里，我要对避免追溯式说法加一个重要的脚注。在讲故事的时候，追溯式说法是一种能产生连续性的有力叙述技巧。可是，在问答的自由开火阶段，现场呈现以一敌多的局面，规则就发生了变化。故此，只能使用向前援引的做法。

上述所有应对挑战性问题的技巧，都至少具备一个共同点，让我们回到武术上来。

缓冲法

在重新组织挑战性问题的内部能量时，释义充当的是缓冲器的角色，可以消除问题中的消极因子。和武术一样，缓冲是自我防卫的首要原则。通过与对手结为一体，缓冲器扯平了原本不平衡的力量，即一个演讲者对众多听众。这样，缓冲了消极能量之后，演讲者能够保持平衡，继续向前。缓冲器能帮助你：

- 消除充满敌意的问题。
- 把消极问题转为积极问题。
- 把不相干的问题当成相干问题处理。
- 有效管理多重问题。
- 把充满感情的陈述句转化为问题。
- 沉着地应对列举材料式问题。

缓冲器还有很多其他的优点：

- “我听到你说的了！”在任何问答流程中，这都是一个必要条件。它告诉提问者以及其他听众：你在倾听。
- 精简。没有必要跟着提问者右脑非线性的混乱思维乱跑。
- 思考时间。思考时间在任何场合都是一笔最宝贵的财富，尤其是当你身处火线之上时。
- 言语表达。“言语表达”是一个源自排演的技巧，也就是在演讲中，把话大声说出来，借以澄清其意义。把缓冲器用言语表达出来，你就在自己的头脑里摸清了罗马石柱。在后文中，我们将更详尽地探讨言语表达。

- 引发回答。当你清晰地找出了罗马石柱，答案也就自然而然地准备好了。
- 可听度。每个听众都听到了你要回答的问题。

既然缓冲器有这么多优点，**你就应当为所有问题加上缓冲器，哪怕是不具备挑战性的问题，也给它加上。**比如，如果被问到“请你描述一下贵公司打算如何在这个竞争环境中占领市场，好吗”，要是你把这个问题释义为“我能否描述一下本公司打算如何在这个竞争环境中占领市场”，这么说听上去真让人觉得尴尬。故此，不妨利用关键词进行另一种缓冲。

用关键词进行缓冲

面对非挑战性的直白问题，你可以换用另一种更简短的缓冲器，利用关键词指明罗马石柱，并在回答中涵盖这些词。比如，“我们的营销方案包括……”，或是利用关键词进行重复“我们的营销方案吗”，接着进行回答。

你还可以利用这一关键词缓冲技巧应对挑战性问题，比如我们在本章开头提到的那段攻击：“请稍等！你告诉我说，你的产品能帮我们省钱，可你的定价却比竞争对手高两倍！真是可恶之至啊！你怎么能开这么高的价？”

用关键词缓冲法可以这么说：“我们定价的原则是……”

再来看看第二轮攻击：“市场上还有几十个新创业的小公司干着跟你们

一模一样的事情！还有那些巨头公司，占据着庞大的市场份额。外面是个弱肉强食的世界，而你们才蹒跚起步，你们凭什么认为自己能生存下来呢？”

用关键词缓冲法可以这么说：“我们的竞争方式是……”

再看看第三轮攻击：“你知道这是一个男性居主导地位的行业。大多数购买决定，都是哥儿几个挤在烟雾缭绕的小黑屋里做出的。身为女性，您认为自己该如何打入这个男人的世界呢？”

利用关键词缓冲法，你可以这么说：“我的能力包括……”

现在你掌握了两种缓冲方法。**一是利用释义重述问题，二是找出关键词，把它放到你的回答当中。**

然而，光使用一重缓冲，有些演讲者还不满意。他们觉得有必要在缓冲前面再做一次缓冲，也可以称之为双重缓冲。在后文中，你将会发现，在问答过程中最常采用的双重缓冲全都没有用，有些甚至还会带来负面的效果。

双重缓冲

最常见的双重缓冲句是：

- 问题在于……

用一次没问题，用两次没问题，用三次也没问题，可要是你每做一次解释就用一次，那就会显得你像是在拖延时间。

还有两个类似的说法是：

- 这是个好问题；
- 很高兴你这么问。

演讲者在碰到挑战性问题，也就是不太好的、演讲者不高兴别人那么问的问题时，往往会利用这类双重缓冲拖延时间。

反过来说，假设有位听众问了一个对你很有利的问题，比如：“你的产品有这么多新特性，我们很快就会在市场上看到它，对吗？”这时你倒可以愉快地把这两个双重缓冲都用上：“这真是个好问题！我很高兴你这么问！”接着你可以继续赞美自己产品新特性的优点。

再假设接下来又有位听众问你：“不错，可你的产品为什么定价这么高呢？”你总不能说：“这真是个糟糕的问题！我不高兴你这么问！”这就有点下判断的意思了，而且很明显是偏向前一位听众。

还有一个常见的双重缓冲句是：

- 你真正要问的是……

这种措施暗示提问者没能正确地阐述问题，而演讲者则慷慨大度地帮对方做了澄清。对听众来说，这是一种侮辱。

此外，还有一句常见的双重缓冲是：

- 如果我理解了你的问题……

这句双重缓冲透露的信息是致命的，代表了“我根本没有听”。

最后一句双重缓冲是：

- 问题 / 重点是……

如果你在发言权转回时使用“重点”或“问题”这样的字眼，就等于是承认在你和听众之间存在理解问题。更糟糕的是，你必然会把这一消极的对比带进自己的回答当中。

从你的字典里把上述所有双重缓冲都删掉。如果你实在想要使用双重缓冲，就要加入一个“你”字。

“你”字的力量

在你解释之前的双重缓冲里加入一个“你”字，可以这样说：

- 你在问……
- 你想知道……
- 你的问题是……

请与前面提到的第一种双重否定做个比较：

- 问题是……
- 你的问题是……

关键的差异就是“你”，这是人类交流中最有力的字眼。只要在网上搜索一番就能知道，耶鲁大学曾研究过英语中最具说服性的词汇，排在第一位的就是“你”字，比“爱”和“钱”都要靠前。要说明“你”字的力量，还有个更为简单的证据：它和对方的名字是同义词。再来看看世界上一些非常成功的企业的广告词：

- 你准备好了吗？（思科公司）
- 挖掘你的潜能，释放我们的激情！（微软公司）
- 随你吃。（汉堡王）

而且，借助“你”字，能在你跟提问者之间建立起一种直接的个人联系。它为你和听众创造了视觉联系（Eye Connect）。这里的视觉联系，是一个专业术语，它不仅仅意味着我们通常所说的“视线接触”，后者大多是转瞬即逝的动作。**视觉联系指的是，你看着听众中的一个人，直到他也回看了你，直到你感觉出彼此间产生了默契。**

为什么视觉联系如此重要呢？因为如果在一个冗长含混的问题中，你看着提问者，接着又用前面提到的第一种双重缓冲说“问题是……”，这样你就好像转向了其他的听众。这会唐突地打断你和提问者之间的视觉联系，让对方感到他被你无情地抛弃了。

反过来说，要是你使用第二种双重缓冲“你的问题是……”，你就可以继续保持跟提问者的视觉联系，让他觉得受到了你的关照。而且，你还能看到对方如何应对你的缓冲。皱眉表示你没有说对，点头意味着你说对了。当你看到对方点头之后，也唯有在看到对方点头之后，你才能开始自由作答。

点头等于是马里萨·霍尔所说的“嗯，是的”。点头有着最根本的好处，因为它表明的信息是“你听懂我的意思了”。请记住，提问者听到了准确的缓冲，必然会不自觉地点头。

前述所有控制手段从发言权转回开始，直到你做好准备进行回答的那一刻，它们可以总结为“三重保险”。

三重保险

第一重保险：唯有当你完全领会问题的罗马石柱之后，你才将发言权转回。这表明一流接球手总是在稳稳地接到球之后，才持球跑起来。如果你没能完全领会罗马石柱，那就不要急着往前冲。相反，你要采用邮局的做法，看到地址没写清楚的信件，就给它盖上一个邮戳：“退回原址。”你主动承担责任，并把发言权还给提问者：“很抱歉，我没听明白；你介意复述一下问题吗？”

第二重保险：如果你确定自己掌握了罗马石柱，就在你的回答里用上关键词。缓冲的时候，请跟提问者保持视觉联系，直到你看见对方点头，表明你正确地找到了罗马石柱为止。唯有在看到对方点头之后，你才能继续进行回答。

第三重保险：如果你尽了最大努力，对方还是皱起了眉头，那就别急着回答。相反，你再度把发言权交给对方："很抱歉，我没听明白，你介意复述一下问题吗？"

如图 6-2 所示，这三重保险能帮助你查漏勘误，避免给出错误的回答。这样一来，提问者也就不会感到"你根本没仔细听"，或是类似的"我并不是要问这个"，以及"我真正想问的是……"。

即便有了三重保险，仍然存在这样的可能：由于罗马石柱涉及两个相关主题，你可能没有将它们充分体现在回答当中。这时，最糟糕的情况就是提问者紧追不舍地问："是的，可我还想知道……"不过，比起恐怖的"你根本没仔细听"，这已经要温和得多了。

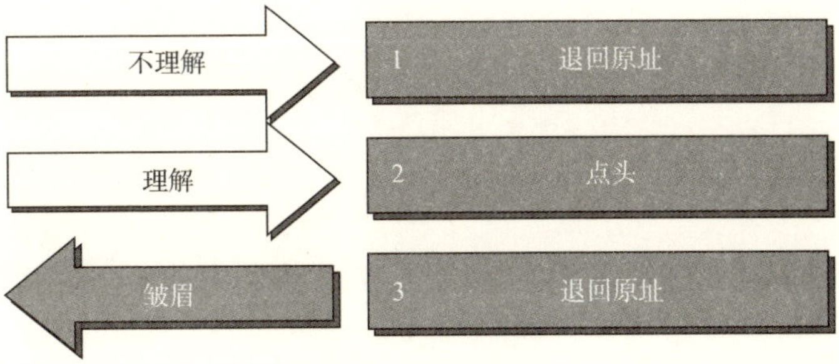

图 6-2　三重保险

图 6-3 对本章的内容做了概括：问题与回答可以通过以下三种缓冲方式的任意一种连接到一起。

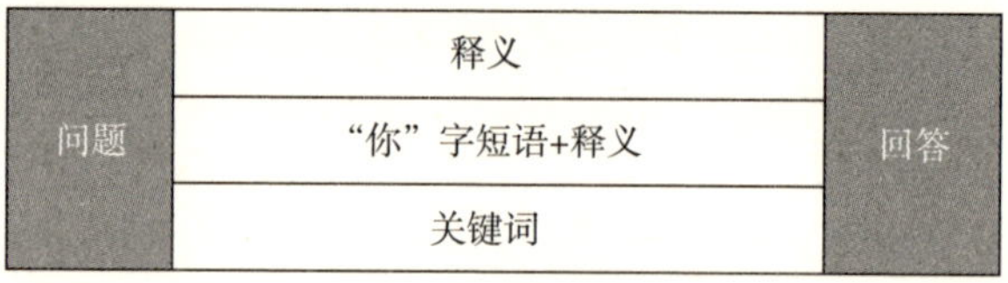

图 6-3　缓冲概要

以下是用一个简单的疑问句来释义：

- 为什么我们选择了这一定价呢？
- 要接触决策者们，我的能力体现在哪些方面呢？
- 我们如何竞争呢？

以下是把“你”字短语放在释义之前：

- 你问的是：“为什么我们要选择这一定价呢？”
- 你的问题是：“要接触决策者们，我的能力体现在哪些方面呢？”
- 你想知道我们怎样竞争。

以下是抓住并使用关键词作为缓冲器：

- 我们的定价是基于……
- 我的能力包括……
- 我们的竞争方式是……

前两种缓冲方式，释义以及在释义前加“你”字短语，能为你赢得思考时间。然而，如果在整个过程中，你太过频繁地使用这两种缓冲，尤其是带“你”字短语的那个，会让你显得很不自然。尽管“你”字有着如前所述的诸多好处，可用得太多就过分了。每一句缓冲都用“你”开头，会让你看起来像是一只咕咕叫的猫头鹰。

第三种缓冲方式，关键词，没给你留下任何思考时间。在你迈出步伐之前，你必须把球牢牢地握在手里。你要保证，在你说出第一个字之前，脑袋里清清楚楚地立着罗马石柱。然而，当你利用关键词，毫不犹豫地做出回答时，你会显得非常犀利、成竹在胸。**使用关键词是最高级的缓冲方式。**

善用关键词缓冲法的杰出代表是科林·鲍威尔（Colin Powell），此人大概可算是美国有史以来最出色的一位发言人了。2003 年 4 月 15 日，伊拉克战争拉开序幕后不久，时任美国国务卿的鲍威尔在华盛顿外国记者新闻中心召开了一次对外记者招待会。

在会议过程中，鲍威尔应对了 11 个问题，但一次也没有使用释义或双重缓冲法。每一次，他都利用关键词或是记者提问中自带的词汇展开回答。请想一想他当时所面对的挑战吧：大多数外国记者的母语都不是英语。所以，对鲍威尔来说，记者的问题里充满各种奇怪的语序和结构。此外，身为职业记者，他们一旦获得提问机会，总会尽量提多重问题。

以下部分内容源自那次记者招待会的会议记录，我们来看看记者们提的一些问题，接着再来看看每个例子中，鲍威尔是如何只依靠关键词缓冲法，迅速地将发言权转回的。虽然他的回答相当彻底，不仅仅包括关键词缓冲法，但为了阐明这一有力的技巧，我们只看他回答的前面部分，也就是他发言权转回、重获控制的交接点。

鲍威尔先生做了一番简短的开幕致辞，然后开始问答环节：

> 接下来很高兴回答各位的提问。

第一个问题来自一位俄罗斯记者：

> 身为美国总统的外交政策顾问，你认为联合国在防止军事冲突方面仍然能发挥作用、具有重要地位吗，而不仅仅是充当人道救助的角色？你认为该组织需要改革吗？

关键词是什么？显然不是最后一个词“改革”。如果鲍威尔针对这一主题进行回答，他就会落到图 6-1 左边的危险区域，因为他肯定了记者的推断：联合国不能发挥作用了，需要改革。他所说的话就会变成对联合国的指手画脚，这和美国声称的支持性政策是背道而驰的。然而，国务卿发言权转回的第一句话是这样说的：

> 联合国依然是一个重要的组织。

这些关键词充当了一个减震缓冲器，使鲍威尔能够进一步提出支持性的证据。

> 总统以及参与伊拉克战争的各国领导人，英国首相布莱尔、西

班牙总统阿兹纳、意大利总理贝卢斯科尼，以及澳大利亚总理霍华德等人都指出，他们相信，在伊拉克战后重建工作中，联合国将扮演重要的角色。

在这次记者招待会中，鲍威尔继续以相同的态度应对了其余每一个问题。他仔细地倾听，回答了每一位记者向他提出的多重挑战性问题。

科林·鲍威尔是怎么培养起这一专业技能的呢？他在自己的一本书《我赢定了：鲍威尔生活和领导的艺术》（*It Worked for Me: In Life and Leadership*）说，自己是边工作边学到这些知识的，但我有幸见到了他，直接向他提出了这个问题。他回答说：

我第一次学习如何提问和回答是在 1967 年，佐治亚州本宁堡军官训练学校的一次教练培训课程上。他们教我一定要站直身子，直接与听众互动，不可矫揉造作。

我在回答问题方面学到的最重要一课是，快速切入主题，给听众留下讲话摘要。

我还学到，没有愚蠢的问题，只有愚蠢的回答。其他听众可以对他们认为愚蠢的问题嗤之以鼻，但演讲者绝不能这么做，也绝不能用高人一等的姿态对待提问者。

我对怎样应对挑战性问题所掌握的知识，大部分来自对那些真正精通此道的人的观察，比如罗纳德·里根（Ronald Reagan）和卡普·温伯格（Cap Weinberger）[①]。我观察了里根和温伯格的聪明做法，并将之内化于心。我领悟到的要点是：表现出自信，永远不要让别人看到你汗流浃背，永远了解你的听众是谁。

每当我面对媒体，我知道自己不仅是在对他们讲话，而且是在对美国人民讲话。我和媒体的关系不是敌对的，我们有着同样的任务：告知公众。因此，我报告我们所做的事，提供他们想知道的信息，当然，不能泄露国家机密。

同样的原则也适用于商业，了解你的听众始终很重要。每当我向企业发言，我都会研究他们的业绩记录、股票表现、所属行业，并在演讲中提到这些信息。我会思考听众知道些什么，他们想知道些什么。我据此设计信息和答案，满足他们的需求。

在商业领域回答提问，跟军事和外交部门回答提问没有什么不同。我预先思考听众可能会问的问题，以及我的回答会是怎样。我有一套随机存取存储器，每当我听到问题来了，就会识别出它，并在回答里传达我事先准备好的信息。当我重新拿回发言权，常常在回答之前加上“关于……”两个字。这一简单的技巧有两个好处：它给了我思考的时间，它向听众表示尊重。这就是一切交流的基础：在乎你的听众，尊重他们。

我很高兴也很自豪地注意到，虽然我选择了鲍威尔作为关键词缓冲法的正面榜样，但他也验证了我所说方法的其他所有原则，特别是对听众的关

① 鲍威尔曾在里根政府担任国家安全顾问，为国防部长卡普·温伯格担任高级军事助理。

注，这一总体概念贯穿了演讲的各个方面，以及每一种交流形式。

和其他缓冲方式一样，关键词缓冲法具备以下主要优点：

- 指明罗马石柱；
- 概括问题核心；
- 缓和双方之间的对立气氛；
- 为解答做准备。

这些优势都能帮你做好准备，进入下一章的学习：如何回答。

TIPS

魏斯曼
完美演讲

使用关键词是最高级的缓冲方式。当你利用关键词，毫不犹豫地做出回答时，你会显得非常犀利、成竹在胸。找到问题中的关键字眼，针对性地回答，才能把消极问题变成积极问题。

IN THE LINE
OF FIRE

HOW TO HANDLE TOUGH
QUESTIONS—
WHEN IT COUNTS

第 7 章

做出有效回答

李小龙　阴与阳是两种互有联系、互为补充的状态。阴把宇宙万物展现为消极，阳则展现为积极，阴阳是连贯动作中一股不可分割的力量。

本书已经讲了一半内容，但仍未谈到如何回答挑战性问题。我们是故意这么做的。受结果驱使的人往往会太快做出回答，从而导致一连串的消极结果，落得跟老布什总统同样的下场。在前面的内容里，我们提出，要做出有效回答，必须满足三个至关重要的先决条件：

- 倾听罗马石柱；
- 在缓冲时向提问者确认罗马石柱；
- 确认提问者点头。

公共关系顾问、投资关系顾问和媒体训练师传授的传统问答应对方法，只不过是把可能提到的问题列成表，再列出一份相应的答案表。这是一种简单的因果式方法，或称为“问题 / 解决方案”法。在武术中，这么做固然必要，但它跳过了前述的三个条件。只有当满足了这两个至关重要的条件时，你才能准备好进入问答循环的最终关键点，也就是回答。

诚实坦率地回答每个问题

回答任何问题的正确方式，都必须遵循前面提到过的、回答不相关问题时的原则：**只要有人问，你就必须答。这一原则适用于所有问题**。当你宣布开始问答环节，面对问题时，你就肩负起了义务。你必须回答来自任何听众的任何问题，除非你根本不知道问题的答案。就像在武术中，你必须用一股力平衡另一股力，为挑战性问题中的消极方面提供积极的补充：以阳克阴。

而且，你的回答必须直接点明罗马石柱。否则必然会使提问者做出"我不是要问这个"或者"我真正要问的是……"之类的反应，也就等于"你根本没听"，也就是老布什对马里萨·霍尔效应。

试图回避问题的实质，会显得你在推诿或有戒备之心。还记得吗，阿尔贝托·冈萨雷斯说了好几次，自己不记得了；安东尼·韦纳说"我——我不——我无法确定。我不想肯定地回答，我也不想显得在逃避。我确实不知道"时，推诿之意如此明显。

阿尔贝托·冈萨雷斯的短暂失忆、安东尼·韦纳的闪躲回避让他们丢了工作。在 2012 年共和党总统候选人的提名竞选中，有两个未解答的问题也带来了失败的结果。

2012 年共和党总统候选人提名竞选期间，得克萨斯州州长里克·佩里因为在一场电视辩论中脑筋失灵，在另一场辩论里发表拙劣言论，搞丢了自己的候选资格。2011 年 10 月 18 日 CNN 也有一场辩论，它基本上未曾得到媒体的关注。当时，主持人安德森·库珀（Anderson Cooper）和佩里有这样一段对话：

库珀：佩里州长，《美国宪法第十四修正案》允许任何人，即使是在美国出生的非法移民的孩子，自动成为美国公民。你认为这应该改变吗？

佩里：请让我谈一谈刚才赫尔曼提到的问题。

库珀：其实，我倒希望你回答我这个问题。

佩里：我明白。你可以那么问，但我只回答我想回答的。

“我只回答我想回答的。”想象一下，销售人员对客户这么说，中层经理对高管这么说，高管对董事这么说，或者CEO对投资人这么说。会议结束，生意泡汤。

想象一下，冲着对你很重要的人这么说。对此，我不予置评。

安德森·库珀向里克·佩里点明了这一点：“这是个回应，但不是个回答……”

佩里退出宣战后，共和党的其他候选人继续进行电视辩论。稍后晚些时候，米特·罗姆尼和CNN主持人约翰·金（John King）之间进行了以下交流。

约翰·金：在当下的公众辩论环节，人们对你最大的误解是什么？

罗姆尼：我们必须在这个国家恢复美国的承诺，要让人们知道，凭借辛勤工作和教育，他们能获得保障，能繁荣发展，他们的孩子将拥有比自己更光明的未来。要实现这一目标，我们必须在华盛顿做出根本性的变革，我们一定要创造更多就业机会，减少债务，缩小政府规模。我是这场竞选中唯一一个……

约翰·金：人们对你存在误解吗？我问的是误解。

罗姆尼：你知道，你可以问你想问的问题，我可以按我想的回答。

罗姆尼州长挺过了难关，成为 2012 年的共和党总统候选人，但他在竞选里败给了巴拉克·奥巴马，而且，两人三次论战，他失败了两次。在下面的章节，你将看到这些辩论更多的细节。

这里的教训是，你必须回答所有问题。公众已经习惯了不肯回答问题的政客，但你不行。

这不是说你应该泄露国家机密；你有权基于保密纪律、知识产权、竞争性数据、公司或法律的规定拒绝回答，但你必须说出一个不回答的合理理由。“我可以按我想的回答”，这不是合理的理由。

和武术一样，你要正面迎击问题核心。碰到阳，你还以阴；碰到阴，你还以阳。

回答尽量简洁

然而，在正面迎击问题核心时，很多演讲者常犯的错误就是在演讲之后进行另一场演讲。要时刻记住，问答环节的唯一目的是澄清你演讲中的材料。故此，**你务必保证两大前提：一是你详尽地阐述了自己的发言材料；二是问答时在听众的要求下，为其提供详尽的细节。**

在相同的前提下，你的回答要尽量简洁。不要滔滔不绝，也不要展现你雄辩的口才。经验表明，对于大多数环境下的大多数问题，你的回答最多不应超过 60 秒钟。

列出挑战性问题清单

为了提前做好上火线的准备，你可以整理一份可能碰到的最具挑战性问题清单。只整理问题，不要整理答案。尽可能从多种渠道搜集问题，同事、客户、合伙人、顾问，甚至你的竞争对手，要是你能做到的话。政治家为参加辩论做准备时，会在练习过程中找人扮演对手。我们在下一章将会更详尽地介绍如何练习和做准备，但现在，请先把自己假想成对手。

你比其他任何人都更了解自己的事业。把直锁咽喉的问题列出来，设想最糟糕的情况。不过，等清单整理好之后，要仔细地反复检查。你将发现，哪怕清单里有 100 个挑战性问题，都可以将它们归结到若干组危险主题上。你还可能惊讶地发现，几乎每一个行业都存在这些危险的主题。信息产业、生物工业、制造业、房地产业、零售业、餐饮业，甚至一些非营利部门，它们全都有着同样的危险主题。

确认共同的危险主题

- **管理**。你有合适的人手吗？你的团队完整吗？
- **竞争力**。你如何迎接竞争，打败竞争对手？
- **发展**。你将如何创造激动人心的结果？
- **定价 / 成本**。你的基本定价原则是什么？
- **意外**。如果……，你将怎么做？
- **时机**。你为什么要等这么长时间？你为什么不再等等？
- **难对付的事情**。有关疑难事件，人们一般会这么问：“什么事情让你彻夜难眠呢？”要坦率地回答这种问题，指出你关注的焦点，但接下来，你要立刻谈到你为解决这些难题所采取的行动。
- **知识产权**。和有关疑难事件的问题一样，对于任何有可能引发诉讼的情况都要保持坦率态度，但紧随其后，你要立刻拿出为保护自身利益或遵照律师意见所采取的行动步骤。

一旦找出这些与自身业务相关的危险主题，你就需要为它们逐一设计一套立场声明。要像为媒体写新闻稿那样精雕细琢地写。你要跟重要的同事一同讨论和磋商。等你们商量出结果，剩下的事就简单了：要是挑战性问题涉及这些危险的主题，你就只需对立场声明稍加调整，即可做出回答。在准备时做好一切安排，不要到了演讲时才手足无措。在火线上想清楚，别上了战场才磨枪。

应对特殊问题

特殊类型的问题需要特殊的处理方式。

跑题的问题。在前面的章节中，你已经了解到，没什么问题是不相干的。即便是诸如“你的商标里这两个词中间没有空格，是怎么回事啊”此类的问题，也不是什么不相干的问题。尽管这类问题有点跑题，但和别的问题一样，它需要你给予回答。因此，你可以利用缓冲器，忍住对提问者的窃笑和皱眉，你既可以直接回答说“这是我们选择的商标风格”，也可以把它暂时搁置到一边说“等演讲结束之后，我很乐意与你分享其中的原因”。

不准确的问题。也就是类似之前我们所说的“你什么时候才能不再打老婆呢”一类问题，或是类似科林·鲍威尔听到的夸张指控“美国靠枪杆子推行自己的那一套价值观……”，以及简直像是“世界警察”。请利用前一章的建议反驳这类错误的指控：不管是鲍威尔、你，还是其他演讲者，都没有任何义务去回答一个不真实的指控，只需断然驳斥即可。

无法回答的问题。听众并不指望你是本活动的百科全书，所以要是你不知道一个问题的答案，尤其是有关精确细节的问题的答案，只需坦诚地向提问者承认，不过要答应对方稍后给他答案。为展现你的诚意，你还可以向对方索取名片。

然而，要是问题关系到你解释的核心，你必须直接回答，不能逃避，否则就会显得是在推脱。

2004年4月13日，小布什总统就碰到了一个类似局面。那天召开了一场记者招待会。一位记者问：

在上一次选举中，有人问你此生犯过的最大失误是什么。你当时打趣说，是卖掉了萨米·索萨[①]，那时是在“9·11”事件之前。那么，“9·11”事件之后，你认为自己所犯的最大失误是什么呢？你又从中得到了哪些教训呢？

小布什总统回答：

我真希望你先把这个问题写来给我看看，好让我做个准备。我敢肯定，历史学家们回首往事的时候会说，老天爷，他当时要是这么干或者那么干，会做得好些。你知道，我敢说，就在这次记者招待会上，面对这么大的压力，说不准什么时候我就犯了错。好在到目前为止还没出什么错。

接着，他重申了出兵阿富汗和伊拉克的理由，并用下面这段话做结尾：

我不想让各位觉得我好像没犯过错似的。我知道我犯过错。我只是没法子。你让我站在众目睽睽之下，我猛地想不出来自己到底犯过哪些错。

---

① 萨米·索萨（Sammy Sosa），美国著名棒球选手。小布什曾担任过“得州游骑兵”棒球队的老板，为振兴该球队付出过诸多努力，但他卖掉了萨米·索萨，而索萨为新队挣得了不少荣誉。小布什为失掉他而深感遗憾。——译者注

小布什的这番回答，引起了媒体的广泛关注，认为他是在搪塞了事。于是媒体对此穷追猛打。4 个月之后，在《纽约时报》的一次访问中，记者问小布什说：

> 在上次大型记者招待会上，你说你想不起自己犯过些什么错。现在都过去三四个月了，你想起来了吗？时间挺久了。

这一次，小布什打趣道：

> 你是说，除了答应接受这次访问，我还有过什么别的失误吗？

2 个月后，小布什和参议员克里在密苏里州圣路易斯华盛顿大学进行市政厅辩论，这个主题再次露面。听众琳达·格莱贝尔（Linda Grabel）问：

> 总统先生，在上个 4 年任期内，你曾做过上千个影响到数百万人的决策。请举三个你意识到自己犯了错以及之后如何改正的例子。谢谢。

小布什回答说：

> 我做过很多决策，有些是微不足道的决定，比如任命你从来没听说过的委员会，有一些则是事关重大的决定。打仗的时候，总有很多战术决策，历史学家们在事后看了会说：他不该做那样的决定。我愿意为此承担责任。

你问的是我犯过哪些错误。我在一些人事任命上出过错，但我不会点名。我不希望在全国电视上伤害他们的感情。不过一切都有待历史的证明。倘若历史认为我的这届政府犯过什么错，我愿意无条件地承认。因为决策是总统做的，总统必须承担责任。

这里的教训是，**你必须正面回答挑战性问题。你可以带点谦虚的幽默轻松地应对，你也可以坦率地承认，或者坚持自己的立场。但不管怎么说，你必须点明听众心目中最关心的主题。**请牢记本书前文中戴维·贝列特所说的话："我想了解的是，演讲者到底有没有认真思考过这个问题，他是否坦诚率直。"

机密问题。如果对方提出的问题事关机密，你回答说"我无权透露有关消息"，就会显得像是在推诿。如果你说"要是我告诉你的话，我就得把你干掉"，那就更像是推托之辞了。

那该怎么做呢？要为你的保密找个理由，可以把它归咎为公司政策、安全制度、竞争性数据、法律或隐私等问题，要用正面的语气说，而不能采取否定说法。不要说什么"我们无法提供这类机密信息"，而要说"我们公司的政策是，只提供此前在新闻稿中透露的信息"。

2004 年竞选总统期间，参议员约翰·克里曾碰到一个机密问题。竞选之初，克里声称有外国领导人支持自己出任总统候选人。3 月 14 日，在宾夕法尼亚州的市民集会中，有人反复要求参议员指明所谓的外国领导人到底是谁，克里数次拒绝。那人还是不肯罢休，克里情急之下脱口而出：

那不关你的事，这是我的事！

这让大家觉得约翰·克里有事隐瞒，他要找一个正当的理由，比如“我不说出名字是出于国际礼仪”。

比尔·克林顿在他总统生涯最具戏剧性的一幕中，也面临了一个他无法回答的问题。当时，他与白宫实习生莫妮卡·莱温斯基（Monica Lewinsky）的婚外情曝光，引发了一场风暴。

尽管公众和媒体对此事非常关注，克林顿还是继续履行总统的义务：接待英国首相托尼·布莱尔（Tony Blair）访问美国。1998 年 2 月 6 日下午，两国首脑各自发表完事先准备好的声明后，克林顿开始接受记者提问。在那一刻，克林顿成为媒体和公众的矛头所指。CNN 资深政治记者沃尔夫·布利策（Wolf Blitzer）提了一个问题：

总统先生，莫妮卡·莱温斯基和她的家人的生活彻底改变了。我想知道您对此有何感想，如果有可能，您现在想对莫妮卡·莱温斯基说什么？

这个尖锐的问题引起了其他记者的零星窃笑。克林顿直视布利策，微笑地咬了咬下唇，这是他的标志性表情，然后说：

这是个好问题。

人群爆发一阵笑声，等笑声小下去后，克林顿继续说：

这是个好问题，但现在，我要坚守我的岗位，不发表任何评论。

布利策抓住了克林顿的痛脚，尽管克林顿是公认的沟通技巧方面的魅力大师，同时也是向公众承认问题的大师。但克林顿能够幸运地因为自己的身份而不用回答这个问题，他提供了一个合理的理由。

投机性问题。如果有人问及预见性事宜，比如："你们什么时候能盈利？"不要自做预测，你可以解释说，碍于公司政策，这类问题不便回答。

所述属实的问题。假设提问涉及一个有关你或你公司的问题，且所述内容属实，举例来说，如果你新创办的公司进入了某个受大公司控制的行业，有人问道："市场上还有几十个新创业的小公司干着跟你们一模一样的事情！还有那些巨头公司，占据着庞大的市场份额。外面是个弱肉强食的世界，而你们才蹒跚起步，你们凭什么认为自己能生存下来呢？"

又比如你是老布什总统，马里萨·霍尔问你："国债对你们的个人生活造成了什么影响吗？如果没有的话，那你们就不曾体验过普通民众的生活，这样你们怎么才能公平地为普通民众找出经济问题的解决之道呢？"

在这两个例子中，问题的潜在前提是真实的。新创业的公司的确要面对艰巨的挑战，而一个像老布什这样的千万富翁，也的确不曾体验过经济衰退期带给劳苦大众的烦恼。

然而，不管是你，还是美国总统，都用不着缴械投降，低头认罪。

所述属实的问题

老布什总统是这样回答马里萨·霍尔的问题的：

你的意思是不是说，有的人有办法不受国债影响？

在这样的否定性陈述之后，任何回答都会显得是在防御。下面让我们看看他该怎么做会更好：

- **缓冲。**“我该如何帮助你？”
- **赞同。**“你说得对，”接着，再引用一些马里萨·霍尔的话，“我的确不曾受到国债的影响……”
- **“但是……”**赞同的部分不要太长。大声踩下刹车，“但是……”众所周知，纵然一句话有 1000 个字，可要是第 998 个字时出现了“但是”，就能把之前的意思全都否定掉。“但是”消除或否定了你承认不利事实所造成的不利因素。在“但是……”之后，来个 180 度大转弯，“……这并不意味着我毫不关心”。
- **证据。**“实际上，年轻的女士，我非常关心，在我的第一个总统任期内，我发起了 X、Y 和 Z 项目，帮助那些没我这么幸运的人。”
- **呼吁对方采取行动，给予其好处。**“所以，如果你选我连任，我还会发起更多类似的项目。”

想想看，要是老布什总统按照这个顺序回答，这个世界或许根本不会听到“莱温斯基”这个名字。

让我们再看看一家新创公司的 CEO 如何按照同样的顺序应对“弱肉强食的世界”。

- **缓冲。**“我们如何竞争呢？”
- **赞同。**“你说得很对，外面是弱肉强食的世界。”
- **“但是……”**赞同部分不要太长。踩下刹车，大声说“但是……”然后来个 180 度大转弯。“……这并不意味着新入者毫无发展空间。”
- **证据。**“那些大型公司太过庞大，利益众多，而我们的敏捷和专注，让我们在运营头一年就吸引到了 15 个主要客户。”
- **呼吁对方采取行动，给予其好处。**“所以我们信心十足，我们不仅能展开有效竞争，还能在这个市场里获得成功。”

按照这一强有力的顺序，演讲者传递出一个具有多重好处的动力场：

- 点明了罗马石柱。
- 去除了问题的消极性。
- 承认了提问者的关注点。
- 消除了提问者的担心。
- 处理了提问者的关注点。
- 自信地给出结论。

自信地给出结论来自最后一步，也就是演讲者呼吁听众采取行动，给予其好处。这些条件可以概括为 B 点和维惠（WIIFY）。

回答中的 B 点和维惠

- **B 点。**在任何沟通环境下，听众都是从 A 点出发的：不了解情况，不信服，没有做好行动准备。而演讲者的目标或是要传递给听众的信息则是 B 点：充分地掌握信息，彻底地信服，完全做好行动准备。这一动态的转变，全在于说服的绝妙技巧。B 点就是呼吁听众采取行动。
- **维惠。**这是"你能从中得到什么"（What's in it for you）的缩写"WIIFY"，源自一个更为常见的说法："我能从中得到什么"。从"我"到"你"的转变有着深刻的含义，它不仅是在利用"你"字的力量，而且还把焦点从演讲者转向了听众。这一转变向听众指出了从 A 点到 B 点的好处，以及他们这么做的理由。人们行动需要理由，而这个理由必须是属于他们自身的理由，而不是你的理由。维惠就是理由。

简单地说，B 点就是你希望听众做什么，维惠则是他们为什么该那么做。

有力的结尾

在问答过程中，回答挑战性问题时指出 A 点或在结尾得出维惠，能创造出有力且自信的结论。两者结合到一起，这种有力的结尾就叫作"上旋"。这是一个来自网球界的术语，指从高处用力击球，使球猛地向上弹起，让对手来不及跑回接球。在网球中，上旋是帮助选手获得制胜优势的有力击球手法。问答过程中的上旋，同样是帮助演讲者或发言人获得制胜优势的有力手法（参见图 7-1）。上旋跟政客们说的"斡旋"不是一回事。斡旋是转移，上旋是增益。

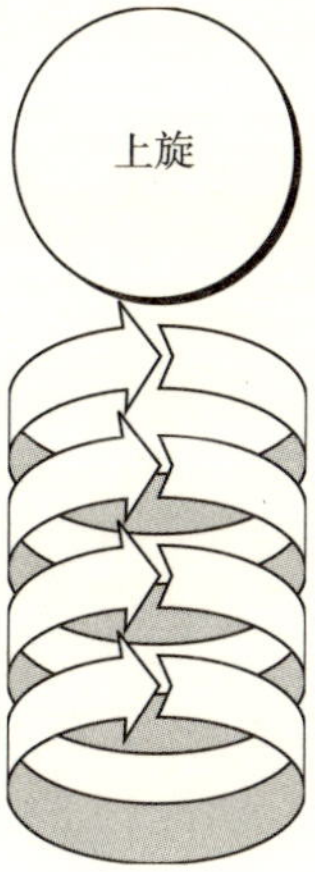

图 7-1　上旋

请注意，上旋的图示里包含了若干个向上的螺旋箭头，这是鼓励你采取多种方式表达自己的 B 点（呼吁听众采取行动）和维惠（听众行动的原因）。当你积极地倾听、缓冲并解答了挑战性问题之后，你就有权宣传自己的事业及其好处。向上挥动你的箭头。在排演时，用这个手势提醒你自己和同事：食指朝上画圈，这就是上旋。我在培训客户时常常这么做。

在下一章内容中，你将学会更多在回答中增加上旋的方法，但在这里，让我们先来为承认所述属实这一技巧做个重要的补充。

反驳中要有上旋

演讲者常常要把故事讲给记者们听，后者记下双方的交流，在报纸或网络上发表、在电台或电视台上播出。此时，演讲者要把控制权交给记者，由对方任意编辑、发表或广播该次采访的任意部分。

因此，如果老布什总统对记者说：

你说得很对。我的确不曾受到国债的影响。

记者就会把这些话从其余对话中单独摘出来刊登或播出，并评论道：“布什总统承认自己不理解经济的影响。”

要是一位 CEO 对记者说：

你说得很对，外面是个弱肉强食的世界。

记者会把这些话从其余对话中单独摘出来刊登或播出，并评论说：“CEO 承认成功障碍重重。”

因此，在进行媒体交流的时候，面对所述属实的问题，切勿承认。相反，你要直接反驳指控：

我完全有能力帮助受到经济影响的人们。

我深信，我们有能力在竞争的环境中获得成功。

如果你愿意承认属实的情况，那就把它加在反驳之前，构成一个转折句。

虽说我没有直接受到国债的影响，但我仍能利用总统的职权，帮助受到经济影响的人们。

虽说外面是个弱肉强食的竞技场，但我深信，我们一定能取得成功。

请注意，这些反驳都插入了上旋：“帮助人们”是维惠，“我们能取得成功”则是 B 点。在下一章，你将看到上旋在重大场合的实际应用情况，从而掌握更多的有力技巧。

TIPS

魏斯曼
完美演讲

你必须正面回答挑战性问题，必须点明听众心目中最关心的主题。

IN THE LINE OF FIRE

HOW TO HANDLE TOUGH QUESTIONS—WHEN IT COUNTS

第 8 章

应用上旋

《兵法家传书》 | 取守势，待其动，速攻之。|

让我们拿上旋和武术做进一步的比较。它等于是从防守转为攻击，转移了挑战者的消极能量，并影响挑战者。然而，发挥这种影响力并不容易，它要求演讲者克服挑战者对立的天性。碰到危险，人要么努力保护自己，要么撒腿逃跑：也就是经典的“战斗—逃跑”反应。

大多数演讲者，一碰到挑战性问题，要么做出对抗反应，给予防御性或推托式回答；要么就做出逃跑反应，简短有效地回答之后立刻进入下一个问题。**演讲者要坚守立场，就要增加一两个带上旋的句子，且必须具备强烈的意志。**要上旋得巧妙，则必须掌握一些技巧。

要说明这有多难，不妨去政治场合看看：那些候选人站在公开论坛上，当着公众跟对手正面辩论；或是在聚光灯的照耀下暴露于媒体之前，任人挑拨。

迈克尔·杜卡斯基错失任意球

马萨诸塞州州长迈克尔·杜卡基斯（Michael Dukakis）参加 1988 年总统竞选时，在媒体聚光灯下捅了个娄子。身为民主党候选人，杜卡基斯和时任副总统的老布什有过两次辩论交手，但在民意测验中还是稍逊一筹。杜卡基斯急于扭转劣势，于是接受了美国广播公司的提议，答应在选举前 13 天跟老布什共同出席该台的《晚间热线》（*Nightline*）节目。老布什的竞选团队拒绝了这一邀请，于是杜卡基斯获得了一个类似足球比赛中开任意球的机会：不用给对手留出同样长的时间，也不用接受来自对方的反驳。

然而，在现场直播的时候，主持人特德·科佩尔（Ted Koppel）向他提出了一个有关治国能力的挑战性问题。此时，杜卡基斯回答说：

> 我猜，我最关心的事情是，我发现让美国民众真正了解迈克尔·杜卡基斯是个什么样的人，实在有点困难。比如，我是谁，我关心的是什么，我对民众和这个国家有着什么样的深切责任感，还有，我为什么要参与总统竞选。你知道，人们总是说，嘿，这家伙有点冷漠，没有足够的激情，诸如此类。可认识我的人都知道，我对这个国家，对我们的未来，对公共服务，有着多么深的感情。还有，我 25 年来不断参与公共服务，但要把这一点表达出来很困难。

由于杜卡基斯用“但要把这一点表达出来很困难”结束回答，使得整个局势盘旋而下，非常消极。假设州长采纳了柳生宗矩在《兵法家传书》中提出的“速攻之”的建议，就会这样说：

人们总说，嘿，这家伙有点冷漠，没有足够的激情，诸如此类。可认识我的人都知道，我对这个国家，对我们的未来，对公共服务，有着多么深的感情。还有，我 25 年来不断参与公共服务。如果人们知道我对人民和这个国家有多么深切的责任感，他们一定会投票让我当选的。

在选举活动中，“投票让我当选”本该成为迈克尔·杜卡基斯的上旋和 B 点。

再设想一下，如果老布什在 1992 年与比尔·克林顿的辩论中，对马里萨·霍尔这样说：“所以，如果你选我连任，我还会发起更多类似的项目。”这句结束语就能成为他的 B 点、马里萨·霍尔的维惠。

2000 年，老布什的儿子小布什参加了总统竞选，这一回，小布什也碰到了如何有效利用上旋来迎击挑战性问题的局面。

小布什的进步

2000 年 10 月 17 日，得克萨斯州州长小布什和副总统阿尔·戈尔在圣路易斯的华盛顿大学进行他们交锋的三场辩论中的最后一场。当时进行的是市政厅辩论，和老布什因为看表而未能听懂马里萨·霍尔问题的那次辩论，采取的是同一种形式。在此种辩论中，普通市民有机会直接向候选人提问，但在这一次辩论中，听众不得提出跟进式问题，小布什吸取了老爸的教训。一个名叫莉萨·基（Lisa Kee）的年轻姑娘问道：

我是一个 34 岁的单身中产阶级，没有家属的拖累，请问你的税改方案会对我有什么样的影响呢?

小布什回答:

在我的方案中，你的纳税负担会减轻，你不是我们的目标。每个纳税人的纳税负担都会减轻。如果你家里有老人要照料，你的个人免征额会有提高。

“……家里有老人要照料！”他的回答忽视了莉萨先前所说的基本事实:她没有家属的拖累。接着，还来不及容人喘息，他又说:

我认为你还该从长计议，比如考虑一下医疗保险?

“医疗保险”！他忘了莉萨还有 31 年才能享受医疗保险呢:

你会获得一套包括处方药物的保险计划，一套能带给你选择的保险计划。我希望人们能理解，现在的医疗保险，很……很……很重要，但跟不上新药物的发展。如果你已在享受医疗保险，那么你得不到什么新的治疗方式。从很多方面来说，你得到的是过时的治疗。因此，我们需要一套新的医疗保险体制，方便你做出各种选择。

他杂乱的回答继续往危险的地方走:

你将会生活在一个和平的世界。它必然会成为一个和平的世界，因为我们会制定更清晰、更明智的外交政策，以强大的军事力量为基础，以各方友人支持的使命为基础。我们的使命并不想讨好所有的人。明智地使用军事力量，有助于保持和平。

莉萨问的是税改方案，可他却越走越远：

你将生活在一个有望变得更有教养的世界里，也就是说，邻居伤害你的可能性会大大降低。瞧，一个受过良好教育的儿童一般会更有前途，更乐观向上。你会生活在一个符合我哲学观的世界里；你知道，你工作得越努力，得到的也越多。这就是美国之路。美国政府不应当成为如来佛的大手，可这就是现在美国联邦政府对你干的事。美国政府应当成为一只能帮忙的手。

最后，小布什在结束回答之前，指明了莉萨原本问题的罗马石柱：他的税改方案。

而我提出的减税方案……

接着他向这位34岁单身无家属的姑娘提出了维惠：

……将会成为一只对你们大有帮助的手。

“……将会成为一只对你们大有帮助的手。”因为小布什的回答太杂乱，他的维惠提议失败了。因为他的话毫无说服力，情况反倒变得更为糟糕。

在自说自话、跳进上旋的过程中，小布什谈到了医疗保险、世界和平、教育、强大的军事力量、他的哲学观、政府政策，他只在陈述开头部分模模糊糊地谈到了莉萨有关税改方案的问题。

在我的方案中，你的纳税负担会减轻，你不是我们的目标。每个纳税人的纳税负担都会减轻。

他的结尾陈述同样模糊。

而我提出的减税方案将会成为一只对你们大有帮助的手。

由于小布什把一堆看似与问题无关的内容夹在了开头和结尾当中，他显得好像在回避问题的实质。因此，在回答结束的时候，他的上旋落了个空。

尽管在 2000 年市政厅辩论中表现不佳，小布什还是顺利当选了总统。他的顾问们意识到，小布什必须在公众面前表现得更像个总统，于是他们开始力求改进。到 2001 年 11 月 15 日，也就是小布什就任总统一年之后，他在得克萨斯州克劳福德一所高中召开记者招待会时，努力的成果就显现出来了。

在回答一个有关美俄关系的问题时，小布什总统说：

我认为美俄关系对两国来说都非常重要。

这一问题的罗马石柱就是美俄关系，因此他的回答与问题紧密相关。接着，他说：

> 双方的关系越稳固……

他强调关键词“关系”，把前后内容联系起来：

> ……就越可能实现世界和平。

“就越可能实现世界和平”是针对世界的维惠。上旋。接着，他又重复“就越可能”，再次前后联系：

> 我们就越可能实现共同的目标——打败邪恶势力！

“共同的目标”等于B点，B点等于上旋。

> ……（邪恶势力）试图恐吓美俄政府。我们必须打败邪恶势力……

“我们必须打败邪恶势力”是重申B点，进行另一次上旋。因为当时小布什是在一所高中，他还向孩子们提出了维惠。

> ……让你们在一个和平繁荣的世界中成长。

此后，小布什的口才继续进步。经历了“9·11”事件、经济衰退和伊拉克战争之后，他决心竞选连任。2003年5月16日，小布什正式成为候选人，在白宫前的草坪上召开了一次简短的新闻发布会。

记者问及总统的连任前景，小布什回答：

> 我能否再次当选，全由美国民众决定。

这一回答和记者的问题紧密相关，从而使他获得了传达自身信息的权利，也就是上旋的机会。

> 与此同时，我致力于帮助人们找到工作。

“帮助人们找到工作”是在回答竞选结束后针对选民的维惠，一个上旋。

> 我会朝这个方向继续努力一段时间。我希望我国的经济能稳定健康地发展，让每个需要工作的美国人都能找到工作。

又一次针对选民的维惠，又一记上旋。

> 在安全方面，我们也还有很多工作要做。

这是小布什施展的又一记上旋，这次是强调他身为战时总统的任务、他的 B 点：

> 约翰明确指出，我们有一个重大的主题……我们要使世界各地的国家明白，反恐战争必将持续下去。21 世纪初，只要基地组织

还在活动，就没人能得到安宁。我已经告知全国，我们消灭了大约一半的基地组织网络……恐怖分子、重要的恐怖分子。也就是说，还有一半的恐怖分子仍然活着。我们一定要找到他们，一次消灭。

“我们一定要找到他们，一次消灭。”重申 B 点，同时用语气和表情强调他的决心。

总而言之，小布什总统在回答之后，有力地传达了两个 B 点，明确地提出了两次维惠。虽然 B 点和维惠与他再次参选这一罗马石柱并没有直接的关系，但他针对问题做出了回答，这使他能够紧接着传递自己的信息，发出上旋。

这里的教训是，演讲者必须首先回答问题，获得使用上旋的权利。唯有此时，你才能发出上旋，而且它必须与你的回答紧密相关。

假设潜在的投资人关心新创业公司的竞争能力，担心它无法与老牌大公司相抗衡，于是向该公司 CEO 提出了挑战性问题。CEO 面对挑战，必须先回答他的问题，阐明本公司的竞争战略，再引出上旋的结论：“我们信心十足，不仅能展开有效竞争，还能在这个市场里获得成功。”通过上旋到达 B 点，从而直接抵消了问题中蕴涵的挑战意味。

潜在客户对产品的高价格提出了问题，销售人员必须首先接下挑战，回答他的问题，说明产品的总成本，接着以上旋收尾：“从长期来看，你实际支付的费用下降了。”由上旋而至维惠。

在经费裁减期，营销经理向主管提出增加广告费，他必须先解决对方的疑问，回顾上次广告活动的结果，接着做出上旋的结论“广告能带来更多收入”，由上旋点明维惠。

在应对最具挑战性的问题时，上旋就像是以阳克阴。倘若有问题指责你太昂贵、太便宜、太小、太大、太晚、太早、太轻松、太沉重、太狭窄、太宽阔……太这样、太那样，你可以利用上旋来抵消这一控诉。不过，要记住，你必须先用缓冲压制问题的消极面，然后针对问题的罗马石柱，给出切实有关的答案，如果可以的话，你不妨提供支持性的证据。之后，你才能自由使用上旋。

让我们再来看看高风险的政界辩论中其他使用上旋的经典案例。

劳埃德·本特森的上旋

1988 年的美国总统竞选，是小布什的父亲老布什对民主党候选人迈克尔·杜卡基斯，来自印第安纳州的参议员丹·奎尔（Dan Quayle）和来自得克萨斯州的参议员劳埃德·本特森（Lloyd Bentsen）也参加了辩论。他们唯一一次遭遇战是回答一群记者们提出的问题。1988 年 10 月 5 日，他们齐聚奥马哈市政大礼堂，当时奎尔正竭力要摆脱自己年轻、缺少经验的污名。记者们出于本性，专踩他的软肋。

首先，来自美国公共广播公司的记者朱迪·伍德拉夫（Judy Woodruff）质问奎尔是否足够成熟。接着，《ABC 新闻》的布里·休姆（Brit Hume）接过大棒，就同一主题连续追问两次。等轮到《NBC 新闻》的汤姆·布罗考（Tom Brokaw）时，他说：

奎尔参议员，我并不想哪壶不开提哪壶。但我想把布里·休姆的问题弄清楚，你说这只是个假设的情形，的确如此，阁下，毕竟，我们今晚齐聚此地，不仅仅是因为你在竞选副总统……

礼堂的听众们，察觉到记者对这一关键议题的强烈兴趣，顿时爆发出掌声。布罗考继续说：

既然你提到自己在国会工作的经验，那要是你成为美国总统的话，脑子里一定有什么计划吧？过去 25 年里，很多美国副总统都接任过总统的职位。

奎尔有点生气，回答说：

我再回答一次。我想，这已经是我今晚第四次回答这个问题了。

布罗考竖起三根指头，插嘴道：

是三次。

错的是布罗考。的确是四次，但奎尔有点沮丧地接受了这一更正：

我已经是第三次回答这个问题了，现在我再次尽量清楚地回答你，因为你问的是，丹·奎尔具备什么样的资格来出任总统。

布罗考摇摇头，这不是他要问的问题。奎尔看见布罗考做出否定的反应，试图重新组织问题。

我具备哪些资格……

但布罗考继续摇头，他甚至还往后一靠，把手抄在胸前，做出一副强烈不满的样子。各位读者应当记得，我们在前文“发言权转回”中提到过，对于演讲者是否听懂了自己的问题，听众会做出下意识的反应，即便是像汤姆·布罗考这样的职业记者也不例外。

突然之间，奎尔意识到布罗考问题的罗马石柱是计划而非资格。他瞪大眼睛，自信满满地提高音量说：

……以及我在这种情况下会采取什么样的行动。

奎尔终于找对了路，布罗考赞同地点点头。奎尔简要地描述了一番自己打算怎么做，并在回答结束时利用上旋肯定了自己执政的资格。

年轻不是关键，重要的是成就和经验。我的经验比美国历史上很多副总统都更丰富。我在国会的经验和杰克·肯尼迪参选总统时不相上下。如果形势所迫，非要我临时接任总统一职，我一定能处理好布什政府的人事关系。

在奎尔的回答过程中，摄像机给奎尔来了个近距离广角特写，刚好拍下了劳埃德·本特森怀疑地扬起眉毛的样子。

这时，朱迪·伍德拉夫把发言权交给了参议员本特森，请他加以辩驳。本特森用上旋开始作答：

> 参议员（指丹·奎尔），我曾为杰克·肯尼迪效力，我了解杰克·肯尼迪，杰克·肯尼迪是我的朋友。参议员，您不是杰克·肯尼迪。

这就是著名的劳埃德·本特森大力上旋。下面还有一个更出名的大力上旋案例。

罗纳德·里根的上旋

1984 年 10 月 28 日，在堪萨斯城市政大礼堂，时任总统罗纳德·里根和来自明尼苏达州的参议员沃尔特·蒙代尔（Walter Mondale）进行总统辩论。辩论的形式与奎尔对本特森那次类似，由一群记者向两位候选人提问。在辩论中，《巴尔的摩太阳报》（*Baltimore Sun*）的老辣记者亨利·特里惠特（Henry Trewhitt）问里根：

> 您已经是美国历史上年龄最大的总统了，您的一些亲信也说，最近一次跟蒙代尔先生交手后，您感到非常疲惫。我记得当年在处理古巴危机时，肯尼迪总统每天只能睡很短时间。您是否对自己应

对类似局面的能力产生过些许怀疑呢?

罗纳德·里根是个著名的沟通大师，他嘴里立刻蹦出了一句简短的回答：

从没有过。

接着，他立刻凭着一个巧妙的上旋，针对自己的年龄发起了反击：

特里惠特先生，我还想告诉你，在这次竞选活动中，我不会打年龄牌。我不会出于政治目的，贬低对手年纪太轻又没有经验。

这时，连对手蒙代尔也意识到，面前这位老人实在精于此道。在观众的哄堂大笑声中，蒙代尔也笑了起来。

巴拉克·奥巴马的上旋

时任伊利诺伊州参议员巴拉克·奥巴马在三场辩论中迎战亚利桑那州参议员约翰·麦凯恩，最后一次辩论于2008年10月15日在纽约亨普斯特德的霍夫斯特拉大学（Hofstra University）举行。奥巴马在结束陈词中说道：

我完全相信我们能做到。我恳请你们投我一票，我向你们保证，如果你们给了我无上的荣誉，让我以总统身份为你们效劳，我每一天都将不懈工作，为你们，也为我们孩子的未来。

4 年后，奥巴马总统在三场辩论中迎战马萨诸塞州前州长米特·罗姆尼，最后一次辩论于 2012 年 10 月 22 日在佛罗里达州博卡拉顿的林恩大学（Lynn University）举行。奥巴马在结束陈词中说道：

> 如果我有幸再为你们做 4 年总统，我向你们保证，我将永远倾听你们的声音。我将为你们的家人而战，我每一天都将努力工作，确保美国一直是这世界上最伟大的国家。

时隔 4 年的这两段结束陈词，信息始终一致，几乎每个字都一样。奥巴马两次都发出了行动呼吁：

> 2008 年：如果你们给了我无上的荣誉，以总统身份为你们效劳……

> 2012 年：如果我有幸再为你们做 4 年总统……

他两次都向选民提供了维惠：

> 2008 年：我每一天都将不懈工作，为你们，也为我们孩子的未来。

> 2012 年：我每一天都将努力工作，确保美国一直是这世界上最伟大的国家。

罗纳德·里根和巴拉克·奥巴马都是一流的辩论高手。两人的技艺都得来不易，它们并不符合大多数演讲者的天然行动倾向：直接扑向答案，然后继续往前。这些技巧得下苦功夫学。这就需要准备和训练——武术的另一项核心技巧，也是我们下一章的主题。

TIPS

魏斯曼
完美演讲

演讲者必须首先回答问题，获得使用上旋的权利。上旋必须与你的回答密切相关。

IN THE LINE
OF FIRE

HOW TO HANDLE TOUGH
QUESTIONS—
WHEN IT COUNTS

第 9 章

准备，赢得先机

《常静子剑谈》 | 最重要的是在动刀之前学会用刀。|

对习武者来说，学习新技巧所必需的训练和技巧本身同样重要。每一种武术技法，不仅阐明了潜在的哲学观，而且为习武者的纯熟掌握制定了严格的训练步骤。空手道以道服腰带的颜色来区分练习者的段位。最开始是白色腰带，接下来大多数学校通用的颜色依次是黄色、橙色、绿色、蓝色和褐色，最高级别的是黑带。练完所有的级别，需要经过多年严格的训练和准备。虽说学习回答挑战性问题不像习武那么令人畏惧，但仍然适用爱迪生著名的天才公式：1% 的灵感加 99% 的努力。动刀之前先刻苦练刀。

预先准备的重要性

前文曾提到阿尔·戈尔和罗斯·佩罗在《拉里·金现场》节目上就《北美自由贸易协定》问题展开的辩论。你已经看到佩罗应对挑战时对戈尔发火的情形，但在为时 90 分钟的节目里，那只是佩罗若干次发作中的一次。佩罗的每一次发怒，都是戈尔团队在辩论开始前蓄意设计好的。詹姆斯·法罗斯（James Fallows）曾在《大西洋月刊》（*The Atlantic Monthly*）上发表过一篇文章，叙述了戈尔一方在事先下的功夫。

> 戈尔在辩论前花了两个星期研究佩罗的举止和个性，还让随员去挖掘佩罗过去的漏洞。他们把佩罗有关《北美自由贸易协定》的演讲、声明、访问和录像带综合整理在一起。戈尔亲自对其加以研究，随后在位于海军天文台的副总统官邸组织了一支团队。

戈尔的国内政策顾问格雷格·西蒙（Greg Simon）是该团队的重要成员之一。他对法罗斯讲述了上述过程中形成的关键战略：

> 如果你面对的是个鲁莽的家伙，你就要让他抓狂，还要让他把自己的疯狂表现出来。当大家都坐在那儿听他说话时，他并无异样，但要是你开始打断他，他就失去控制了。

于是戈尔反复打断佩罗。实际上，在节目的前半段，佩罗为此向拉里·金、阿尔·戈尔和电视观众整整抱怨了 8 次。等节目进行到一半，佩罗已经气疯了，暴脾气也上来了。尽管如此，他还是转向摄像机，再次向电视观众控诉《北美自由贸易协定》，尤其是墨西哥的问题：

> 各位，（美墨边境的）里奥·格朗德河（Rio Grande River）是整个西半球污染最严重的河流……

这时，戈尔插了进来：

> 请等等。能让我先回答这个问题吗？

拉里·金介入道：

好吧，让他说吧。

这时佩罗打定主意不让戈尔回答：

提华纳河（Tijuana River）的污染也很严重，他们必须解决这个问题……

拉里·金问：

但这些情况早在《北美自由贸易协定》之前就是这样了吧，对吗？

戈尔坚持要回答：

请让我回答这个问题，如果可以的话……

佩罗没搭理戈尔，转过去对拉里·金说话：

拉里，这些污染都是美国公司进入墨西哥之后造成的……

拉里·金想弄清楚：

但没有《北美自由贸易协定》，他们也能这么做。

佩罗越过戈尔，直接对拉里·金说：

但如果没有《北美自由贸易协定》，或是拥有一套更完善的《北美自由贸易协定》，我们可以阻止这种情况的发生。

戈尔坐在佩罗旁边问：

要是没有《北美自由贸易协定》，你怎么阻止它？

佩罗不高兴地转向戈尔，暴躁地回答：

只需要停止就可以了。制定几条简单的相关法律，让一切清清楚楚……

戈尔一脸无辜地问：

给墨西哥制定几条简单的法律？

佩罗的怒火再次腾起，他摇摇头，然后像一头准备扑过来的公牛般拱起脑袋，说：

不。

戈尔平静而又坚定地继续追问：

要是没有《北美自由贸易协定》，你怎么阻止它？

佩罗冷冰冰地回答：

你专心听着就知道了。

“你专心听着就知道了。”佩罗竟用这样的语气跟美国副总统说话，就好像对方是他犯了错误的下属！戈尔咧嘴一笑，说：

没错，我听着呢。我还没听到答案，你继续说吧。

佩罗厉声斥骂说：

那是因为你老不停插嘴。

戈尔回答：

好吧，我听着呢……

接着戈尔镇定自若，第三次重复了自己的问题。

要是没有《北美自由贸易协定》，你怎么阻止它？

佩罗坐不住了：

你不是说你要听吗？那就听着！

“那就听着！”佩罗变得越来越傲慢赌气了。他的这些好辩行为使他的支持率在第二天的民意调查中大幅下跌：之前尚未拿定主意的选民戏剧性地对《北美自由贸易协定》表示了好感。

准备工作让阿尔·戈尔和《北美自由贸易协定》都获得了益处。

杀威棒

最高法院的每一位提名人，都必须面对参议员司法委员会的提名听证会。这些事件常常演变成激烈的交火，因为失去权力的党派会想方设法地让现任总统以及总统的选择看起来不像话。

在为听证会做准备期间，提名人会花很长时间做被戏称为“杀威棒”的模拟练习，它包括方方面面的预案，从重建参议院背景，到预测参议员有可能提出哪些对己方最不利的问题。

政治作家朱莉·H. 戴维斯（Julie H. Davis）在网上发表过一篇文章，介绍总统奥巴马提名的最高法院第二位候选人埃琳娜·卡根（Elena Kagan）的“杀威棒”环节：

> 每天有好几个小时，最高法院提名人埃琳娜·卡根都坐在证人席上，面对一大群提问人盘查她关于宪法的看法、她对法律问题的看法，以及她做最高法院大法官的资格。这些人毫不客气……卡根对每一个想得出来的问题和做法都给出了回答，在几个小时的高压

和炽热聚光灯下保持着冷静和镇定。

同一篇文章中有一个值得特别关注的地方，律师蕾切尔·布兰德（Rachel Brand）曾帮助小布什总统的提名人约翰·罗伯茨（John G. Roberts）和塞缪尔·阿利托（Samuel Alito）为各自的提名听证会做准备。布兰德女士说，“杀威棒”环节的目的是“以最令人厌恶的方式盘问那些挑战性问题，一遍一遍又一遍……”。

布兰德的“一遍一遍又一遍”就是操作的要点。你应该还记得，“口头表达”就是在排练演讲的时候，像真正面对听众那样把话大声说出来的过程。这种做法在应对挑战性问题时同样重要，甚至更重要。表面上看，预测挑战性问题并为之逐一准备答案，似乎就足够了。但实际上，这不够。更有效的做法是：找一个人，让他向你提出这些问题，你大声说出答案。你必须一遍又一遍地做。在实践中重复动态的交流，能让你的实时反应变得清晰而果断。

杀威棒法对卡根、罗伯茨和阿利托大法官管用，对你也会管用。在为下一次问答环节做准备时，找你团队里的一名或多名队员用挑战性问题向你开火，一遍一遍又一遍地把你的答案大声说出来。把它想成练习截击，磨炼你的网球技艺。

总统选举

事前准备在 1960 年的美国总统选举里扮演了关键角色，开头一直居于下风的约翰·肯尼迪，在有史以来第一次电视辩论当中迎战热门候选人、时任副总统理查德·尼克松。

美国东北大学新闻学院的艾伦·施罗德（Alan Schroeder）教授在《总统辩论》（*Presidential Debates*）中记述了肯尼迪和尼克松在为这件事做准备时的巨大差异。他写道：

> 1960年，尽管共和党和民主党都编撰了大量的简报，肯尼迪一方把他们的简报叫作“尼克松百科”，但只有肯尼迪花了心思跟顾问们练习辩论。他的辩论前准备包括非正式套路练习，让助手们从索引卡上读出问题……
>
> 按尼克松竞选经理鲍勃·芬奇（Bob Finch）的说法：“我们一直在推动尼克松，让他跟幕僚里的人做些一来一回的对练……什么都行。他什么也没做，只对我说，他知道怎么辩论。他完全拒绝准备。”

肯尼迪和尼克松在对待电视这一新媒介的准备态度上也有所差异。

那场辩论的电视导演唐·休伊特（Don Hewitt，日后成为哥伦比亚广播公司《60分钟》的幕后中坚）在个人自传《给我讲个故事》（*Tell Me a Story*）中，描述了一些幕后准备工作。辩论前三天，肯尼迪就赶到芝加哥做准备，甚至还专门在9月下旬晒了几天太阳，好让肤色显得更健康。反过来说，尼克松则不顾自己患了感冒，把时间全花在了竞选活动上，直到电视辩论开始那天，才筋疲力尽地赶到芝加哥WBBM电视台的摄影棚。当时他瘦了不少，衣服松垮垮地耷拉在身上。

当肯尼迪到达演播室时，他穿上了一件亮色的外套并化了专业的妆。

尼克松的助手匆匆忙忙找了一种懒人产品涂在他的标志性大胡子上。专业的妆是透气的，而这种懒人产品则不透气。在录影棚炽热的灯光下，尼克松汗流满面，形象比不刮胡子还糟糕。

肯尼迪的助手预先调查过录影棚的情况，建议他穿深色的西装，以便跟摄影棚亮蓝色的背景幕形成对比。在黑白电视机上，亮蓝色会变成灰色。尼克松穿的是浅色西服，在黑白屏幕中看起来跟背景的颜色差不多，一副失败样（参见图 9-1）。

© Bettmann/CORBIS

图 9-1　约翰·肯尼迪和理查德·尼克松在辩论

WBBM 电视台摄影棚里只有一台挂在墙上的钟，恰好处在尼克松左肩上方。所以，每当尼克松发言，肯尼迪眼睛都不用转一下，就能看到对手和钟。反过来说，每当肯尼迪发言，尼克松总得把眼睛从对手身上转开，才能看到时间。

这是有史以来的第一场电视辩论，两位候选人都并未充分意识到媒体的内部运作机制。为制造视觉变化，电视导演将发言人和待发言人的图像交替显示，也就是所谓的“切换镜头”或“反应镜头”。是以，休伊特在尼克松发言时把镜头切换到肯尼迪身上，肯尼迪的眼睛几乎不动，让他显得机警而专注；而当肯尼迪发言时镜头切换到尼克松身上，尼克松的眼睛却时不时地游离，让他显得紧张、贼眉鼠眼。10 年前，尼克松竞选加利福尼亚参议员时，曾被对手叫成“狡猾的迪基”。在他第一次单独竞选全国性职位的时候，这鬼鬼祟祟的眼神强化了这个绰号。

最后一轮互动中，肯尼迪做总结致辞，休伊特插入了尼克松的另一个反应镜头：他点了点头，竟然像是在附和对手！

直到辩论前一天，在民意测验中，尼克松还保持着微弱的领先优势。辩论之后的第二天，费城一家叫辛德林格（Sindlinger and Company）的调研组织进行了一次电话民意调查。参加调查的观众，凡是看了电视转播的都认为肯尼迪会胜出，而光听电台广播的则认为尼克松会赢。

这之后，肯尼迪一路领先，直到 9 月赢得大选。

打从那时起，媒体顾问在政治竞选活动中的地位就变得和战略定位家同等重要了。而且，预先准备工作也成了参加辩论必不可少的一环。尽管要直到 1976 年才进行第二次总统辩论，但自此之后，它成了美国总统选举的固定模式。每到总统选举年，每一位候选人都会在重要幕僚的陪伴下，全力以赴地为每一场辩论进行全方位的大决战准备。

候选人总结调查情况，参加头脑风暴，提炼战略定位，观摩对手的录像带，和精心挑选的替身做模拟辩论。他们还会把排练的地方布置得跟辩论现场一模一样。多年来，每一场辩论都为后人提供了教训。

这么多年积累下来，候选人及其竞选班子总结出一份长长的清单，列举了哪些事该做，哪些事是更为重要的，哪些事不该做。

半个多世纪以来，有关电视政治辩论的知识已经变成了一门复杂的科学。施罗德教授的著作中有一整章都在讲总统候选人是如何准备他们的辩论的：

- 1976 年：杰拉尔德·福特（Gerald Ford）对吉米·卡特（Jimmy Carter）；
- 1980 年：罗纳德·里根对吉米·卡特及约翰·安德森（John Anderson）；
- 1984 年：罗纳德·里根对沃尔特·蒙代尔；
- 1988 年：老布什对迈克尔·杜卡基斯；
- 1992 年：老布什对比尔·克林顿及罗斯·佩罗；
- 1996 年：比尔·克林顿对鲍勃·多尔（Bob Dole）；
- 2000 年：阿尔·戈尔对小布什。

本书第一版对 2004 年的辩论做了详细分析。在这一版中，我们先简要回顾一下这次交锋，接着就进入新近的若干场总统辩论。

2004 年：小布什对约翰 · 克里

因为预料到小布什和克里必有一辩，他们的竞选团队经过几个月的磋商，拟定了一套复杂的指导方针。他们最终达成了一份长达 32 页的谅解备忘录，对方方面面的情况做了规定，大到参与规则，小到用什么便笺纸、钢笔和铅笔。冗长的细节覆盖了辩论的各个方面，连讲台的确切位置和高度都写得一清二楚。

每一项规定的背后都呼应着历史的教训：控制摄影棚的温度，以免两位候选人汗流浃背，泄露他们的紧张（理查德 · 尼克松就被出汗的细节暴露了）；控制演讲大厅里听众的麦克风，以免出现马里萨 · 霍尔连续追问老布什那样的情况；每个讲台上都安装一套定时信号，以免让候选人像尼克松那样眼神来回游走。

2008 年：巴拉克 · 奥巴马对约翰 · 麦凯恩

与 1960 年总统大选相呼应，2008 年两位候选人的辩论事前准备明显不同：巴拉克 · 奥巴马和约翰 · 肯尼迪一样勤奋，约翰 · 麦凯恩和理查德 · 尼克松一样拖后腿。

2004 年，为支持约翰 · 克里参选，奥巴马在民主党全国代表大会上发表了一场激动人心的演讲，一下子从无名小辈变成了全球名人。到 2008 年，奥巴马已经为自己的竞选配备了高超的修辞技巧。他凭借自己做社区组织员的经验，在发表现场演讲时可以满怀激情，又凭借做过宪法学讲师的经验，彻彻底底地为辩论做了准备。CNN 这样形容他：

据报道，巴拉克·奥巴马将前往佛罗里达州参加“辩论营”，这是传统的辩论前准备工作，包括找陪练伙伴扮演共和党对手。

麦凯恩从 1987 年开始就在美国参议院发表演讲，2000 年还竞选了共和党总统候选人，后为小布什击败，所以他决定，“百忙之中抽时间”为辩论做准备。CNN 报道说：

星期天，麦凯恩在竞选总部跟助手一起工作了几个小时。星期一下午，他在宾夕法尼亚州的一家酒店又跟助手工作了几个小时。

接下来的星期二，他将到俄亥俄州竞选。星期三，到纽约与世界领导人举行会议，继续按照这种“百忙当中抽时间”的思路为辩论做准备。

直到星期四下午和星期五，麦凯恩的助手们才在密西西比州临时驻扎，把他所有的时间都投入到辩论准备当中。

2012 年：巴拉克·奥巴马对米特·罗姆尼

巴拉克·奥巴马竞选连任时，已经在全世界最声誉卓著的讲台上，将自己的演讲技能打磨得臻于化境。在他的第一个任期内，不管是朋友还是对手，都一致认为奥巴马是一位能挥斥方遒的演讲者。同样也是这些朋友和对手，期待他能轻松胜过前马萨诸塞州州长米特·罗姆尼，后者的公众面貌常被形容成“僵硬死板”。

但 10 月 3 日在丹佛大学进行的第一场辩论中，奥巴马黯淡无光的表现让媒体和政治世界大吃一惊。他太反常了，连素来支持他的《纽约时报》在辩论后的第一天发表主题报道时也承认：“奥巴马的表现干瘪平淡，罗姆尼赢得了辩论的赞美。”

辩论后最直接的反应是，奥巴马总统迎来了一大堆指责和批评，包括共和党人和许多民主党人，都说奥巴马在辩论中表现得缺乏灵感，只会一味招架。《纽约时报》在报道中继续说，坚定支持总统的博主安德鲁·沙利文（Andrew Sullivan）在社交网站说：“这对奥巴马来说是一场连环灾难。”沙利文还说：“他无聊、心不在焉，比罗姆尼还欠缺人情味！”

曾向支持奥巴马的“超级政治行动委员会”（SuperPAC）捐赠 100 万美元的自由派喜剧演员比尔·马厄（Bill Maher）开玩笑地说：“真不敢相信我会这么说，但奥巴马看起来真是需要提词器才行啊。”

即使是奥巴马本人也没法否认。在接受电台主持人汤姆·乔伊纳（Tom Joyner）的采访时，总统说：“有人说我客气得过了头，这是很公允的，因为你知道，有时候，不停地说假话是很困难的。你只是在重复。”

为解释奥巴马冷淡乏味的表现，资深政治作家罗杰·西蒙（Roger Simon）做了如下猜测：“或许，在丹佛的那天晚上，他只是太累了。要不就是过分自信，或者缺乏准备。也可能是海拔太高。”

最有可能的情况是，缺乏准备。我们无法确定哪一位候选人花了多少时间和精力做准备，但我们确实知道，按《华尔街日报》的报道，在第一轮辩论的前一天，奥巴马在胡佛水坝举行了一场活动：

> ……星期一，奥巴马在电话里跟一名活动志愿者抱怨说，助手们“一直把我留在室内……让我做功课”。然而，度假村里篮球场的外面蒙着一张棕色的篷布，用来遮挡视线，这暗示期间奥巴马偶尔也会去玩玩篮球。

与此形成鲜明对比的是，于10月16日在纽约州亨普斯特德的霍夫斯特拉大学举行的第二轮辩论之前，按《华尔街日报》的报道：

> ……奥巴马先生在威廉斯堡的一家五星级度假村，从星期六开始了为期三天准备环节……在准备之外，奥巴马先生会顺着度假村外的詹姆斯河沿岸散步，在健身房锻炼身体。

准备环节有着高度保密的性质，但可以肯定地说，奥巴马花心思最多的一个话题是恐怖分子在“9·11”事件纪念日那天袭击美国驻利比亚班加西的领事馆。辩论将于10月份举行，此前的一个月，两位候选人的竞选团队和众多的支持者都会抛出各种负责或不负责的指控和反诉。故此，每位候选人必须找到支撑力十足的论点，做好充分的准备，顶着电视直播辩论的压力，将它妥当地传达出去。

果然，辩论进行到差不多一半的时候，罗姆尼向奥巴马处理班加西袭击事件的方式提出了质疑：

> 在我们弄清这是自发示威活动还是恐怖袭击之前，很多天就那

样过去了。

事实上，并没有出现民众示威。这是一次恐怖袭击，可隔了很长时间，美国人民才被告知。不管是否存在误导，我们是否知道到底发生了些什么，你都应该扪心自问，为什么我们竟然会不知道……

奥巴马回答道：

州长，袭击发生后的第二天，我就站在了玫瑰园，告诉世界各地的美国公民，我们需要弄清到底发生了些什么。这的确是一种恐怖行为，我还说，我们要追捕那些犯下这一罪行的人。

几天之后，我到安德鲁斯空军基地去迎接送回的遗体，并与无辜丧生者的家人一同哀悼。

我们自己损失了4条生命，说我团队中的任何人，不管是国务卿、联合国大使，还是其他任何人在玩弄政治手段或蓄意误导，这样的暗示都很无礼。我们不会这么做。身为总统，身为美军最高统帅，我不会这么做。

在辩论主持人、CNN的坎迪·克劳利（Candy Crowley）与罗姆尼和奥巴马三人快速交流期间，奥巴马又跟进了一段有力的陈述：

克劳利：州长，如果你想……

罗姆尼：是的，我——我……

克劳利：……请快一点。

罗姆尼：我——我觉得刚才总统说的一件事很有趣，就是袭击发生后第二天，他站在玫瑰园说这是一种恐怖行为。

奥巴马：我正是这么说的。

罗姆尼：袭击发生后的第二天，你在玫瑰园说，这是一种恐怖行为。这不是一次民众自发示威，你是不是这么说的？

州长瞪着总统。奥巴马也瞪了回去。

奥巴马：请继续，州长。

罗姆尼：我想把这一点落实，因为总统过了 14 天才把班加西袭击事件称为恐怖行为。

奥巴马：你去看看当天的发言记录。

克劳利：事实确实如此，先生。所以，请允许我——允许我把它称为恐怖行为……

奥巴马：你能念得大声些吗，坎迪？

克劳利：他——的确把它称为恐怖行为。

一家上市公司收益未达到预期，CEO 必须准备好在季度收益电话会议上向投资人提供详尽的回应；药物未能通过临床测试，制药公司的首席战略官（CSO）必须做好准备对董事会做出解释；产品未能按期交付，产品经理必须准备好为客户提供替代方案。同样道理，政治候选人遭遇对手时，必须为最坏的情况做好回应准备。

奥巴马做好了准备，罗姆尼没有。在证明总统“误导”的过程中，罗姆尼弄错了一点重要的事实；而奥巴马在为这个问题做准备的过程中，毫不含糊地知道这一事实。准备很重要。

你将在下一章看到，这个关键瞬间以及奥巴马在第二轮辩论中的结束陈词，将成为本次竞选活动的转折点。

经验教训

- **准备**。预计有可能发生的最坏情形。列一份清单，把你不想听到的问题都列举出来。找出挑战性和非挑战性问题的罗马石柱。在每一个重要主题上确定你的立场，尤其是负面的主题。收集对你有利的证据。搞好研究工作。像戈尔那样确立你的整体战略。在对你至关重要的问答开始之前，完成上述一切工作！
- **大声表达**。我们在前文中曾对读者介绍过这一技巧。在练习时就要像实际过程中那样大声说出你要说的话。大声表达就等于是棒球队的春季训练、百老汇节目的排演，更确切地说，就是政治辩论之前的模拟预演。

对你来说，后一例子更为贴切、紧迫。政治家比普通人说话多得多，甚至光是他们在竞选活动中说的话，就够普通人说一辈子了。在冲上辩论的决胜跑道之前，他们要无数次地阐述自己的信息。

你不具备这种优势，那么请安排练习，为你的问答活动做准备。**让你的同事用挑战性问题向你开火。大声讲出你的缓冲句。大声说出你的回答，直到你的回答变得简短切题。**针对每一个回答，大声说出你的上旋。要像打网球一样，反复地大声说。

这是我向自己所有私人客户推荐的一种技术，尤其是对准备首次 IPO 路演的公司来说，这是所有商业陈述中最关键的任务。我敦促 CEO 和 CFO 一遍又一遍地回答挑战性问题清单上的项目，直到他们发出去的球就像鞭子一样响亮锐利。我希望你把每一次的问答环节都当成 IPO 路演。挥舞起你的鞭子来！

公元前 55 年，伟大的罗马演讲家西塞罗最先指出了充分准备的重要性：

> 除非雄辩家借助记忆，把事情和与之相关的思想、研究全部配备起来，否则，他所有的其他优点，不管多么耀眼，我们知道都将失效。

TIPS

魏斯曼
完美演讲

出众的陈述技巧是关键，但准备同样发挥着至关重要的作用。

IN THE LINE OF FIRE

HOW TO HANDLE TOUGH QUESTIONS—WHEN IT COUNTS

第 10 章

巧妙应对敌意

《孙子兵法》	是故百战百胜，非善之善也；不战而屈人之兵，善之善者也。

武术的成败并不取决于招数本身，而是习武者对招数的巧妙应用。武术的终极应用就在作战上。故此，已有 2500 年历史的《孙子兵法》至今仍能在当代商业书籍中占有一席之地。在 21 世纪的今天，《孙子兵法》所阐述的理念已演变成一套有关商战的论文集，甚至可称作应对生活中一切冲突的入门读物。

好斗，和你在前面看到的罗斯·佩罗、阿尔贝托·冈萨雷斯、约翰·麦凯恩和安东尼·韦纳等人所表现出的爱争吵、一味推诿、消极防卫是同一类行为。这些人都做出了消极的行为，让听众产生了消极的感知，从而输掉了战斗。

在这些行为中，爱争吵的破坏性最大，因为它表示失去控制，是有效管理的对立面。要实现有效管理这一积极的感觉，面对挑战性问题的时候，你就绝不能还以愤怒；相反，你要以坚定而镇静的态度做出回答。这样一来，我们就完成了整个循环，回到了前文中总结本书所有技巧时提到的那个词：控制。

巧劲儿的艺术

巧劲儿要用得恰到好处，才能发挥效果。劲儿太大了，谓之过分；劲儿太小了，又达不到目标。武术大师、运动员、舞蹈家，所有追求身体敏捷性的人对此都有着深刻的认识。他们的表演必须绝对完美，否则就是失败。对于在火线上应对挑战性问题时所需的巧妙言语，也是同样的道理。

阿尔·戈尔以不战的方式，赢得了与罗斯·佩罗的战斗。他的插话，让佩罗失去控制，变得好斗。这时戈尔微微一笑，反倒让对手显得很没用，这就是以巧劲儿抗蛮力。

但在2000年戈尔竞选总统时，他忘记了这条策略。他的对手是小布什。戈尔在辩论场上连连获胜，还担任了两届副总统。

前一章我们提到过詹姆斯·法罗斯写的一篇文章，发表该文的那期《大西洋月刊》封面，就是一幅戈尔露出毒牙的漫画。

戈尔和小布什的第一次辩论，于2000年10月3日在马萨诸塞州波士顿的马萨诸塞州立大学举行。阿尔·戈尔放弃了过去一直行之有效的巧劲儿，反而像只狮子般咆哮起来。凭着事前的充分准备，说不定还包括强烈的自负情绪，戈尔穷尽了一切修辞的力量和积累的知识，猛烈攻击小布什。戈尔的阐述和反驳中充斥着诸如“错误”“不是”“分歧”“误解”“对立”等攻击性极强的词汇。

公众和专业人士的批评疾风骤雨地涌向副总统，不仅批评他态度有问题，还指出他的演讲不够准确。

戈尔赶紧来了个 180 度大转弯，在 2000 年 10 月 11 日北卡罗来纳温斯顿－沙伦的森林湖大学（Wake Forest University）举行的第二次总统辩论上，他表现得像只小绵羊。在为时 90 分钟的辩论中，戈尔在重大问题上向对手做了 7 次附和的表示，把自己的预定意图远远地抛在了身后。直播结束时，他甚至还谦逊地为自己在上次辩论中的夸张之词道了歉：

> 上个星期，我在引用事例时搞错了一些细节，吉姆，对此我感到很抱歉。

对戈尔前倨后恭的表现，CNN 一位分析家说得最为生动：

> 野蛮人阿尔怎么啦？那个比任何人都更清楚该如何利用事实打击对手的家伙，这次是怎么啦？那些巧妙的应答到哪儿去啦？为什么阿尔竟让小布什一口气走了这么远，却不一举干掉他？阿尔·戈尔给他的操盘手们搞得没了话。他坐在那儿，就好像身处舞台令他感到尴尬，他为自己浪费了那么多时间感到羞愧。他放过了无数次扯下小布什面纱的机会。他太善良了，他肯定会被自己的这种做法害死。

为回应这类批评言论，戈尔又转变了作风，回到原先的攻击性态度上。2000 年 10 月 17 日，戈尔和小布什在密苏里州圣路易斯的华盛顿大学进行第三次辩论。戈尔仍采取攻击方式。这一次辩论，其实也就是我们在前文谈到的那场辩论，当时小布什回答莉萨·基的提问漫无边际，惨遭失败。下面这个部分，发生在该次辩论的早些时候，你将看到戈尔如何发起他最猛烈的一次攻击，以及更为重要的，小布什如何应对。

现场主持人是《PBS 晚间新闻》（*PSB News Hour*）的吉姆·莱勒，他问：

> 你认为，你们俩在美国《病人权利法案》（*Patients Bill of Rights*）问题上意见一致吗？

阿尔·戈尔用力地回答“绝对不是”，接着开始讨论一份名为《丁格－诺伍德法案》（*Dingle Norwood Bill*）的未决国会议案，该法案意在为卫生维护组织（HMO）立法。

这时戈尔说道：

> 我很想知道布什州长是否支持《丁格－诺伍德法案》，这是一份重要的未决议案。

莱勒说：

> 布什州长，如果您愿意的话，不妨回答一下。我还很想知道，你如何看待你们俩之间存在的差异，我们又该如何继续前进。

小布什从椅子上站起身，开始向大厅里的听众阐述他的回答：

> 差异在于，我能把事情办成。我能代表人民，完成一些积极的

事情。这就是这次竞选活动中存在的主要问题……

小布什话还没说完，戈尔就站起身，穿过讲台，直接朝对手走过去，简直有点胁迫的意味。因为没注意到戈尔的举动，小布什继续说：

……这不仅关系到你的哲学观是什么，你对各种问题的立场是什么。更重要的是，你能把事情办成吗？

话说到一半，小布什转过身，看到戈尔走过来。

小布什猛地停了下来，朝戈尔点点头，微笑了一下，引得观众也小声笑起来。接着，小布什转向观众继续说：

而我相信我能做到。

观众的嗤笑转成了哄笑。戈尔站在小布什面前，勉强挤出一个笑容，跟他僵硬的身体语言截然相反。他固执地追问：

你对《丁格－诺伍德法案》怎么看？

莱勒插嘴调解：

好了。现在让我们进入下一个……

小布什说：

我还没说完呢。让我说完吧。我来谈一谈在美国《病人权利法案》中我认为重要的原则和问题。华盛顿的焦点是，它归这个委员会管，它拉到那个赞助人了。可如果我是总统，我们要设立急诊室保险，我们要通过禁口令（指法院禁止报道或公开评论正在审理的案子的命令），我们要设立便利的妇科服务中心。人民将有能力把自己的HMO保险公司告上法庭。这些目标，我在得克萨斯州已经实现，而且，这也是我希望能带入华盛顿的领导风格。

小布什对阿尔·戈尔采取的做法恰好是戈尔对罗斯·佩罗采取的做法：他巧妙应对敌意，压制住了对手。为了给戈尔伤口上再撒把盐，小布什凭着主持人给他的“免费入场券”，以一记有力的上旋结束了自己的讲话。当然，在他稍后与莉萨·基的交流中，他又忘了这一招该怎么使。

《华尔街日报》与《NBC新闻》联合进行了一次民意调查。调查显示，这次辩论带给公众的影响是：小布什的支持率比阿尔·戈尔高了7%。

为什么会发生这种翻盘的情况呢？落水狗是怎么和公众的宠儿展开激烈竞争的呢？在实力悬殊的比赛中经常发生这种情况，原因在于，人们对实力弱的选手本来就怀着较低的期待。落水狗只需要浮出水面，别搞砸了就行。小布什只需要少犯错，只要别被戈尔弄得一败涂地，对他来说就是胜利。实际上，小布什的团队为2000年的竞选专用飞机起名为“远大期望”（Great Expectations）的时候，已经有意无意地揭示了自己这方的辩论战略。

对阿尔·戈尔来说，考虑到他从前的胜利以及他自己的强烈心理期待，这几场辩论他注定会失败；他也的确输了。当然，小布什这个总统当得也很悬乎，最高法院不得不对佛罗里达州部分存在争议的选票进行裁决，才判定小布什最终胜出。但倘若阿尔·戈尔能如自己期待的那样控制历次辩论，最终的胜利会属于谁呢？

在第一次辩论中，戈尔弃用巧劲儿，转为攻击者；第二次，他矫枉过正，变得太过消极；第三次，他为了重新表现自己的力量，错失目标，也丧失了个人的格调和控制力。

辩论的重要影响

小布什还完成了一个只有他老爸完成过的壮举：辩论输了，却仍赢得了选举。纵观总统选举的漫长历史，除了布什父子，赢得选举最终胜利的都是在电视辩论中胜出的候选人：

- 1960 年：约翰·肯尼迪在首次电视实况辩论中击败理查德·尼克松。这次辩论确立了将来同类辩论的基本模式。
- 1976 年：由于任总统杰拉尔德·福特在第二次辩论中谈到冷战问题时这样说："在福特政府的管理下，苏联再也不能支配东欧，这样的情况再也不会发生。"吉米·卡特击败了福特。
- 1980 年：罗纳德·里根和吉米·卡特只进行过一次辩论，在该场辩论中，里根对卡特的医疗保险制度评论道："你又来了！"接着，里根又在结束陈述时说了一句更著名的话。他望着摄像机，向全国观众问道："你过得比 4 年前更好吗？"这句话含义微妙，攻击力却非同小可，后来成了一句广为引用的政治上旋。该年自然是里根击败卡特，入主白宫。
- 1984 年：罗纳德·里根和沃尔特·蒙代尔在两次辩论中都打成了平手，但里根在第二次辩论中用一句经典上旋把蒙代尔给镇住了："在这次竞选活动中，我不会打年龄牌。我不会出于政治目的，贬低对手年纪太轻又没有经验。”

- 1988 年：老布什虽然在两次辩论中都败给了迈克尔·杜卡基斯，但仍赢得了当年选举。
- 1992 年：比尔·克林顿凭借自己的超凡魅力以及老布什在三场辩论中的第二场看手表的失态之举，击败老布什和罗斯·佩罗，入主白宫。
- 1996 年：比尔·克林顿凭借自己在两次辩论和整个选举活动中表现出的惊人魅力，毫无悬念地击败了鲍勃·多尔。
- 2000 年：在三场辩论之后，小布什凭借自己较低的心理期待，击败了对心理期待较高的阿尔·戈尔。
- 2004 年：小布什重演了父亲在 16 年前创下的壮举，三场电视辩论全都失利，可却在总统选举中击败了约翰·克里。
- 2008 年：用《华尔街日报》的说法，冷静的巴拉克·奥巴马借助修辞优势击败了气急败坏的约翰·麦凯恩：

> 回顾 2008 年奥巴马先生对阵参议员约翰·麦凯恩的辩论亮点，可以看出，那条对总统个人风格的著名描述，即“从不大惊小怪的奥巴马”（nodrama Obama），跟辩论台上表现出来的候选人恰相吻合。

- 2012 年：“从不大惊小怪的奥巴马”击败了米特·罗姆尼，通常支持共和党立场的《华尔街日报》，在同一篇文章中形容罗姆尼是“需要狗血戏剧性的人”。两人共进行了三场辩论，奥巴马在第二场辩论靠着两记巧劲儿还击轻松获胜。

他的第一次巧劲儿还击是在就班加西袭击事件与罗姆尼展开交火期间，你在前一章已经读到过相关内容。我们不妨再来看看这次交流的具体对话，这一回，旁白里加上了对两位候选人说话时行为的描述。在这第一次交火遭遇大逆转时，奥巴马成竹在胸，罗姆尼却失去了冷静。

这场辩论采用的是市政厅辩论模式，公众坐在讲台周围，CNN 的主持人坎迪·克劳利坐在圆桌的上位。罗姆尼和奥巴马置身开放空间，坐在凳子上，可以自由地上前向观众致辞。

有关班加西袭击事件的交流，始于罗姆尼指责奥巴马误导公众：

> 这是一次恐怖袭击，可隔了很长时间，美国人民才被告知。不管是否存在误导，我们是否知道到底发生了些什么，你都应该扪心自问，为什么我们竟然会不知道……

奥巴马愤慨地站起身，生气地盯着罗姆尼：

> 我们自己损失了 4 条生命，说我团队中的任何人，不管是国务卿、联合国大使，还是其他任何人在玩弄政治手段或蓄意误导，这样的暗示都很无礼。我们不会这么做。身为总统，身为美军最高统帅，我不会这么做。

奥巴马回到自己的凳子上坐下，克劳利转向罗姆尼说：

> 州长，如果你想……

罗姆尼从凳子上站起来，走向克劳利，背对着奥巴马，说：

我——我觉得刚才总统说的一件事很有趣，就是袭击发生后第二天，他站在玫瑰园说这是一种恐怖行为。

奥巴马仍然坐着，静静地回答：

我正是这么说的。

罗姆尼猛地转身面对奥巴马：

袭击发生后的第二天，你在玫瑰园说，这是一种恐怖行为。

这时，罗姆尼停顿了一下，瞪着奥巴马，默默点头，好像在说“对吗”，然后他性急地补充道：

这不是一次民众自发示威，你是不是这么说的？

奥巴马愣了一下，回答道：

请继续，州长。

罗姆尼再次转身背对着奥巴马，朝克劳利走去：

我想把这一点落实，因为总统过了14天才把班加西袭击事件称为恐怖行为。

奥巴马仍然坐着，转向克劳利，严厉地说：

> 你去看看当天的发言记录。

克劳利把一摞纸交给罗姆尼，说：

> 事实确实如此，先生。所以，请允许我——允许我把它称为恐怖行为……

奥巴马仍然坐着，说：

> 你能念得大声些吗，坎迪？

克劳利略微提高了音量：

> 他——的确把它称为恐怖行为。

奥巴马没有急于动怒。

在同一场辩论中，奥巴马用巧劲儿施展第二次还击时，奉行了一条忠告，来自美国独立战争期间的将领伊斯雷尔·帕特南（Israel Putnam），后者说，要直到能看到对手眼睛里的“眼白”才开火。

第二场辩论前差不多一个月，《琼斯夫人》杂志（*Mother Jones*）发表了一篇对话文字记录，内容来自一段米特·罗姆尼在佛罗里达州募捐活动上讲话的偷拍录像。据文中所述：

> 有 47% 的人不管怎样都会投票给总统。好吧，有 47% 的人支持他，依赖政府，相信自己是受害者，相信政府有责任照顾他们，相信他们有权享受医疗保健、食物、住房，以及各种你想得到的事情。人有权这么想。政府也应该容许人这么想。总之，他们会投票支持总统。

到此时为止，在民意调查中，两位候选人的支持率不相上下。9 月 4 日，RealClearPolitics 的平均分显示，两人的较量达到白热化，支持率都是 46.8%（见图 10-1）。

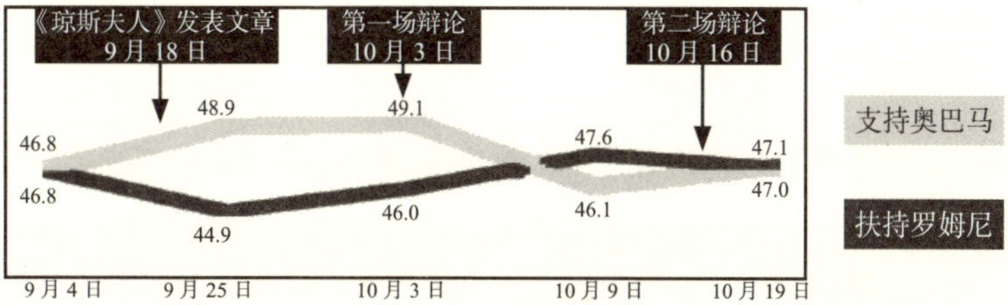

图 10-1　RealClearPolitics 平均分反映了总统辩论的影响

但《琼斯夫人》9 月 18 日发表的煽动性引用言论，如野火一般蔓延开去。有线电视和网络新闻节目无穷无尽地播放相关视频片段，整个网络都贴出了文字内容，报纸和杂志上也全都是。一个星期之后，也就是到了 9 月 25 日，罗姆尼的支持率就跌了 4 个百分点，到了 44.9%，落后于奥巴马的 48%。

到 10 月 3 日进行第一场辩论时，奥巴马的支持率是 49.1%，领先于罗姆尼的 46%。这一次，奥巴马本有绝佳的机会针对罗姆尼破坏性的“47%”的言论发起攻击，但他那天的表现太过平淡，从头到尾都未曾提及此事。

奥巴马在第一场辩论中的糟糕表现，让他的民意调查数据一落千丈。到 10 月 9 日，罗姆尼以 47.6% 的优势领先于奥巴马的 46.1%。

到了 10 月 16 日的第二场辩论，奥巴马重整旗鼓。他与罗姆尼比肩而立，在每个论点上针锋相对，甚至在美国驻利比亚班加西领事馆遭袭击的争议点上智取翻盘。

但奥巴马还是没有提到罗姆尼“47%”的引言，直到罗姆尼发表结束陈词，再也没了回应的机会。主持人坎迪·克劳利请奥巴马做结束陈词。

> 克劳利：总统先生，最后两分钟属于您了。
>
> 奥巴马：……我相信罗姆尼州长是个好人。热爱家人，看重信仰。但我希望当他私底下说全国有 47% 的人自认是受害者、拒绝承担个人责任的时候，想一想他说的是些什么人。

为了让自己的观点一击上垒，奥巴马借用了罗姆尼“47%”的说法：

> 他们是一辈子都在工作的社会保障人员；为这个国家牺牲的退伍军人；渴望在自己的梦想、也在这个国家的梦想里翱翔的学生；如今正在海外为我们而战的军人；每天努力工作，缴纳个人所得

税、汽油税却没有挣到足够收入的人。

他层层推进，来了一记上旋，接着进入维惠：

我想为他们而战，这是我过去 4 年一直在做的事情。因为如果他们成功了，我相信，这个国家就会成功。

然后，他以自己的经历为例：

当年，我的祖父参加第二次世界大战，复员回国之后，根据《军人权利法案》（*G. I Bill*），得以进入大学，这不是什么施舍，这是推动整个国家的事情。我想要保证我们的下一代拥有同样的机会。

最后，他在 B 点上旋，完成了结束陈词：

这就是为什么我请求你们为我投票，为什么我请求再干 4 年。

罗姆尼没机会反驳了，主持人坎迪·克劳利重新拿到发言权：

奥巴马总统、罗姆尼州长，感谢你们今晚来到这里。在这个音符上，我们这场市政厅辩论到此为止。

三天后的 10 月 19 日，奥巴马以 47.1% 比 47% 领先，这一优势一直保持到了 11 月份选举获胜。

选举结束后，专门从事企业和公共政策研究的市场研究公司公众舆情策略对选举后的民调做了分析后发现：“在关注‘总统是否关心像我这样的人’的选民里，罗姆尼丢掉了 18% ～ 81% 的支持率。”

经验教训

总统竞选的一举一动都事关成败，其白热化动态会在公众关注的大屏幕上播放出来，为其他候选人以及所有会站上火线的人提供可供汲取的经验教训。遗憾的是，那些未曾留心到这些教训的人会付出惨痛的代价。你在下一章就将看到。

TIPS

魏斯曼
完美演讲

面对挑战性问题，你绝不能还以愤怒；相反，你要以坚定而镇静的态度做出回答。

IN THE LINE
OF FIRE

HOW TO HANDLE TOUGH
QUESTIONS—
WHEN IT COUNTS

第 11 章

未能汲取的教训

乔治·桑塔亚那 **（George Santayana）**	不从历史中学习的人，注定会重复历史。

反应镜头

你大概记得，在1960年理查德·尼克松和约翰·肯尼迪之间具有里程碑意义的总统辩论中，尼克松的反应镜头和他飘忽的目光让他显得紧张而焦躁，不像个总统的样子。自此以后，从这次辩论中汲取的经验教训累积成了一本虚拟指导手册，历届候选人不断总结并奉行不移。直到2000年，阿尔·戈尔和小布什进行辩论，事态有了新变化。

你应该记得前一章里，戈尔与布什进行的第一场辩论是怎样引发争议的，他使用了大量诸如“错误”“不是”“分歧”“误解”“对立”等攻击性极强的词汇。他的态度也充满好斗的意味，不断在谈话中插入傲慢的叹息、嘲笑般的摇头、轻蔑的皱眉、倨傲的转眼珠等动作。

这些傲慢的行为立刻让戈尔搬起石头砸了自己的脚。广播电视公司安置了一台摄像机，专门拍摄戈尔的脸部反应特写。新闻编导从这台摄像机拍下的画面中选出他所有的轻蔑表情，编辑成若干快速切换的短片，并在地方和全国广播电视上反复播出。

在接下来的民意调查中，辩论前原本落后 1.8 个百分点的布什，反倒以 1.5 个百分点超过了戈尔，支持率净增 3.3。

2004 年，小布什汲取阿尔·戈尔未能参考历史经验的教训，仔细地跟民主党对手约翰·克里商榷出了一份预先协议，规定电视导演不能使用单独的反应镜头。为了规避禁令，电视台使用分屏对照镜头，包括公开支持小布什的有线频道福克斯新闻台，他们为所有电视台提供共用摄像机。在这场辩论的大部分时间，所有的频道都会显示两位候选人，所以一个人说话时，另一个人的反应清晰可见。

这些分屏镜头对着小布什狂轰滥炸。就像是 2000 年阿尔·戈尔行为的诡异回声，这位在任总统反复在挑战者发言时做出不快表情，小布什轻蔑地沉脸、不耐烦地皱眉和愤怒地做苦相。

在一次同样令人啼笑皆非的回应中，电视摄像机捕捉到了小布什的轻蔑态度，但这一回，跃上前台的是民主党。辩论结束后不到 24 小时，民主党就在网站上推出了名为“沮丧的脸”的页面，链接了一段 43 秒的视频，里头展现了小布什暴躁表情的 14 个快速剪辑镜头。

在布什皱眉、戈尔叹息之后，2012 年，又增加了奥巴马鬼脸。你应该还记得，在跟米特·罗姆尼进行的接近灾难性的首场辩论当中，奥巴马表现得乏善可陈，在 CNN 的分屏镜头里，他低垂的眼睛和阴沉的表情一览无遗。

奥巴马还向对手展现出了不屑的态度，令场面雪上加霜。

在轮到罗姆尼发言时，罗姆尼本人斗志昂扬地讲着话，奥巴马的眼睛却始终没抬起来。

> 罗姆尼：《多德－弗兰克法案》(*Dodd-Frank*) 通过了。它里头有一些规定，我认为将带来对经济有害的意外后果。其中之一是，它指定了若干规模大到不能倒闭的银行，联邦政府将为它们提供有效担保。

奥巴马的眼睛仍然垂着，他摇了摇头。

> 罗姆尼：这是我见过的送给纽约各银行的最大礼包。

奥巴马继续摇头，还撅起嘴唇做了个鬼脸，嘴形似乎是在说："不是。"

罗姆尼并没有被吓住，而是着手带着自己的观点上本垒。

> 罗姆尼：这对它们来说是个天大的好消息。自《多德－弗兰克法案》通过以来，已经有 122 家社区和小型银行结束营业。

在稍后的辩论中，罗姆尼的另一个发言回合中，CNN 再次对两名候选人做了分屏显示。

罗姆尼说话时，奥巴马又一次垂下眼睛。

罗姆尼：我们在医疗保险方面的关键任务是把成本压低，让家庭具备更大的负担能力。

奥巴马朝上瞟了一眼罗姆尼，接着就再次垂低目光。

罗姆尼：这样一来，就有了一套这么做的模式：一群董事，一个未经选举、靠任命就职的董事会……

奥巴马还是垂着眼睛，撇了撇嘴。

罗姆尼：……这些人将决定你能得到什么样的治疗。

在罗姆尼的屏幕旁，奥巴马低着头说："不，不是。"

罗姆尼：在我看来，奥巴马政府未能有效……

在屏幕上，奥巴马抬起眼睛，朝罗姆尼的方向转过头去，再次做了个鬼脸。而罗姆尼又一次带着观点上了本垒。

罗姆尼：……降低几乎任何东西的成本。

认同

至于另一课未能汲取的教训，让我们先回到肯尼迪和尼克松的辩论去看一看。大家想必还记得，肯尼迪做结束致辞期间，在尼克松的一个反应镜头里，尼克松点了点头，好像是认同了对手的观点。但跟尼克松在开幕词里所说的内容相比，点点头就算不上什么了。他说：

> 肯尼迪参议员所说的事情，我们许多人都会认同。毫无疑问，如果未能认识到美国国内事务对我们的国际地位有着巨大影响，我们是无法对它展开讨论的。毫无疑问，这个国家不能停滞不前，因为我们正处在一场致命的国际竞争当中。我想，一如肯尼迪参议员所暗示的，我们在这场竞赛中是领先的。但要是你参加了比赛，保持领先的唯一方法就是继续向前。我完全赞同肯尼迪参议员今晚所表达的精神，即美国应该继续向前的精神。

2000年，阿尔·戈尔在与小布什第一次辩论之后，民意调查支持率下跌。戈尔的反应表明他显然忘记了尼克松的教训，在两人的第二次辩论中，他竟然7次认同了对手。

2012年，巴拉克·奥巴马在第一轮辩论中，时而向对手表示轻蔑，时而又走上另一个极端，向对手表示认同，令自己错上加错。

在罗姆尼的一个发言回合里，电视屏幕上对两位候选人做分屏显示。罗姆尼开口说：

> 我认为我们应该为中产阶级提供税收减免政策，但我不打算减少高收入群体的纳税比例。

奥巴马点头表示同意，哪怕这有违他一贯的竞选承诺：提高高收入群体的税负。接着，罗姆尼进一步解释他刚刚提出的主张：

> 高收入群体在我们的经济里表现得很好。不管是你当总统还是我当，他们都会做得很好。

奥巴马勉强挤出了一抹微笑。罗姆尼继续说：

> 现在过得很艰难的人是中等收入的美国人。按照总统的政策，中等收入的美国人被埋葬了，他们被碾压了。

奥巴马再次点头，似乎是认同自己的政策碾压了中等收入的美国人。

直至本轮辩论的稍后部分，罗姆尼一直都处在攻势位置：

> 为了降低医疗成本，我们不需要一支15人组成的董事会告诉我们该采用什么样的治疗方法。相反，我们应该瞄准保险计划、供应商、医院、医生……

奥巴马又开始点头。罗姆尼继续展开他的观点：

> ……如你所说，如果他们在降低成本这项工作上做得出色的话，就会获得奖励、绩效工资，事实正是如此。山间医保公司（Innermountain Healthcare）做得非常好……

奥巴马继续点头，说："他们确实做得很好。"罗姆尼的发言愈发顺畅：

……梅奥诊所做得也非常好，还有克利夫兰诊所和其他一些医疗机构。

罗姆尼又一次把自己的竞选主张送上了本垒：

但正确的答案不是让联邦政府接管医保，开始管控全美的医疗供应商，告诉患者和医生该采用什么样的治疗处置。

不过，米特·罗姆尼在第一次辩论中的胜利表现得很短暂。一如你在前一章中看到，到了第二次辩论，奥巴马恢复了活力，并在有关班加西袭击事件的尖锐交流中将死了罗姆尼，让自己重新回到了民意调查的领先位置（见第 10 章图 10-1）。

10 月 22 日，两位候选人在佛罗里达州博卡拉顿展开第三次辩论，罗姆尼努力想寻找一种辩论策略，恢复自己的动力。

遗憾的是，他所选择的策略忽视了尼克松的历史教训：罗姆尼认同奥巴马的观点，他认同的次数甚至是阿尔·戈尔认同小布什次数的两倍。

以下内容出自该场辩论的文字记录，列出了罗姆尼的几次灾难性认同：

1. ……我们必须意识到，我们必须采取总统那样的做法。他拿下了奥萨马·本·拉登，追击基地组织的领头人物，我要向他表示祝贺。

2. 总统方面正在努力达成一项驻军地位协议，我对此表示认同，我要说，我们应该保持一定数量的驻军。这件事我同意……这是你的主张，也是我的主张。

3. 奥巴马提及自己对叙利亚问题的处理，说：

我们已经组织了国际社会，说阿萨德必须下台。

这之后，罗姆尼说：

我承认，我认为阿萨德必须下台。

4. 奥巴马提及自己对叙利亚问题的处理，说：

我们做得谨慎而周到，确保知道自己正在跟谁打交道，我们可以跟当地温和派的武装力量合作，在叙利亚，我们必须接受同样稳定、深思熟虑的领导人。这正是我们在做的事情。

罗姆尼回应时说：

我不想让我们的军队卷入叙利亚的战事。在现阶段，我认为没有必要把我们的军队留在叙利亚。我预计将来也不会。

5. 哥伦比亚广播公司的主持人鲍勃·希弗（Bob Schieffer）问奥巴马：

埃及陷入动荡期间，你曾说穆巴拉克总统是时候下台了。

奥巴马说：

是的。

希弗转过去问罗姆尼的立场，他回答说：

正如总统指出，我相信，而且我当时也说过，我支持他……他在当地采取的行动……事情爆发时，我的感觉跟总统一样……

6. 奥巴马这样说起罗姆尼：

罗姆尼称赞小布什是一位出色的经济管家，而迪克·切尼则是一位有着卓越智慧和判断力的人。

罗姆尼说：

当经济陷入真正危机的时候，我让它站稳脚跟的计划并不是从写支票开始的。布什总统开出了第一张支票。我并不同意这一做法。

7. 奥巴马表示：

我现在想要做的是，聘请更多的教师，特别是数学和科学教师，因为我们知道，我国在数学和科学领域落于人后。

之后，罗姆尼说：

看，我喜欢，我热爱老师，我很高兴各州和地方愿意聘请老师从事相关工作。

我还想附和总统提出的观点，即如果我是美国总统，当我就任美国总统的时候，我们会跟以色列并肩而立。

辩论结束后，CNN 对观看了辩论的注册选民进行调查，发现 48%的人表示奥巴马会获胜，40%的人认为罗姆尼获胜。

我希望把这一认同对手的讨论带到最高潮，让我们回到肯尼迪和尼克松的辩论上，以此恰当地结束本章内容。事实上，用它来作为本书的结束也很合适。各位想必记得，尼克松在他自己的开场致辞中向肯尼迪表示认同，接着在肯尼迪的结束致辞中再次点头表示同意，这无疑加剧了观众对他辩论表现的负面看法。

现在，让我们看一看肯尼迪的致辞以及他是怎样有效运用认同的：

如果你觉得，现在所做的一切都令人满意，相对于铁幕诸国，美国的相对力量和威望正在增加；我们已经获得了更多的安全保障，并实现了作为一个国家应该实现的一切，我们为公民实现了更好的生活，我们拥有了更大的优势，那么我认同。我认为你应该投票给尼克松先生。

肯尼迪当然并不认为该投票给尼克松，他这么说只是为了下文的驳斥做铺垫：

> ……但如果你觉得，我们必须在20世纪60年代再次行动起来，总统的职责是把我们社会未竟的事业摆在人民的面前，就像20世纪30年代富兰克林·罗斯福做的那样，那么我们对人民提出的议程是，作为一个社会，我们必须满足本国人民的需求，保护自身安全，帮助自由事业发展。

较之尼克松的议程，肯尼迪把自己的议程打扮成了更好的选择，并进而带着B点上了本垒：

> ……这就是摆在美国人民面前的问题，只有你可以决定你想要什么，你希望这个国家变成什么样子，你想要对未来做些什么。我想，我们已经准备好有所行动了。为完成这一伟大任务，如果我们想要成功，就必须解决好自己的问题。

应汲取的教训

全美国有近3.13亿公民，其中只有两个人，偶尔是三个人，在电视直播中辩论自己是否适合担任总统职位，而且他们是每隔4年才做一回。这些总统辩论的瑕疵案例固然很吸引人，却并不能直接适用于大多数公民，只不过它们强调了本书介绍的几种关键技术。

就像阿尔·戈尔、小布什和奥巴马表现出来的不屑无法很好地达成他们想要的目的，这种态度很可能也会伤害你的事业。为了避免这种情绪表达，你不妨使用默读和缓冲。我们在前文中介绍过默读，它让你的思想专注于寻找罗马石柱，而非对问题蕴含的情绪做出反应。前文也介绍了缓冲，它能把情绪从问题中剥离出来。

理查德·尼克松、阿尔·戈尔、巴拉克·奥巴马和米特·罗姆尼向对手表示认同，这带来了负面影响；只有约翰·肯尼迪巧妙地把这一技术转化成自己的优势。不过，你可以将认同用于积极目的，即坦荡透明。如果有人向你提出了一个挑战性的问题，指控你有这样那样的毛病，那么承认相关事宜的真实性、表现得磊落坦荡是很得体的。当今时代，有这么多公众人物明目张胆地推诿逃避，坦荡透明几乎成了一种不存在的品质。

例如，你或许：

- 价格更高；
- 要面对规模更大的竞争对手；
- 未能如约交付；
- 季度表现走低；
- 失去了一位关键客户；
- 有一位重要高管辞职；
- 产品发布延迟；
- 产品试用失败。

这并不是说你应该彻底认栽，举手投降，这会让你落入一种名叫“进牢房”的情况。[①] 相反，你认同时要非常简短，接着就加上“但是”，掉转头来对付有罪控诉：

- 你定价更高是因为你可以提供更多价值；
- 你能够与规模更大的对手竞争，是因为你提供了差异化产品；
- 你已经改进并加快了交付流程；
- 你期待新的努力将激发出新的销售，下个季度的表现会更好；
- 你已着手大范围搜罗合适的新高管；
- 你已加快生产计划；
- 你在产品试用中做了纠正。

此时，你可以前进到 B 点和（或）维惠。

下一章，我们将从最不可能的地方给你找出一个正面榜样，总结所有技巧。此人是一位真正的战争大师，一位军事将领。

TIPS

魏斯曼
完美演讲

如果有人向你提出了一个挑战性的问题，指控你这样那样的毛病，那么承认相关事宜的真实性、表现得磊落坦荡是很得体的。这并不是说你应该彻底认栽，而是在认同之后紧跟上“但是”，掉转头来对付有罪控诉。

---

① 如需了解有关这个问题的更多信息，请参阅我的另一本作品《魏斯曼的演讲大师课 3：臻于完美的演讲》。

IN THE LINE OF FIRE

HOW TO HANDLE TOUGH QUESTIONS—WHEN IT COUNTS

第 12 章

一个完美的回答

在 1991 年持续 43 天的海湾战争中，“沙漠风暴行动”（Desert Storm）总司令诺曼·施瓦茨科普夫（Norman Schwarzkopf）在沙特阿拉伯利雅得的新闻会议室里只召开过 6 次记者招待会，而且每一次都开得极为简短。虽然曝光量极少，但“暴风诺曼”的美誉不胫而走，很快就举世皆知。他吸引了这么多关注的原因在于，在每一次向全世界现场转播的记者招待会上，将军面对记者的问题，都表现出了完全的支配感和控制感。而且，他为你示范了你在本书中读到的每一个技巧，方便你效仿。

“沙漠风暴行动”总司令的记者招待会

最突出的一个例子发生在 1991 年 2 月 24 日召开的记者招待会上。当时盟军已实施了为期一个月的空中打击，正在展开大规模的地面进攻，施瓦茨科普夫将军出席记者招待会，向在场的记者们介绍第一天进攻的情况。

将军先读了一份简短的开场综述，并用以下句子做结尾：

> 到目前为止，我们的进攻非常顺利。地面部队干得很好。但我必须诚实地提醒各位，这还只是最初期的情况，我们的进攻开始还

不到12个小时，战争尚未结束。

接着将军取下眼镜，望着台下密密麻麻的记者说：

我事先准备好的话说完了，现在可以回答各位的提问，但时间极为有限。

“时间极为有限。”实际上，整个提问回答的过程只有2分48秒，在这期间将军回答了10个问题。他做了你应该做的事：控制时间。施瓦茨科普夫将军一开始就规定了听众的心理期待值，你也必须这么做。宣布开始问答环节的时候，你可以说，你没有时间回答问题了，从而设定听众对时间的心理期待值。施瓦茨科普夫将军就这样做了，然后他又着手满足听众的期待。在最后几个问题时，他还可以使用倒数的方式，继续保持对时间的控制。

将军宣布开启问答环节之后，第一位记者问道：

您能否告诉我们，根据您目前所知情况，如果一切都按计划进行，您预计这件事会持续多久？还有，到目前为止，敌方的抵抗都很微弱，您认为原因是什么？

这是一个双重问题，“持续多久”和“为什么抵抗微弱”。这是彼此有关联的两点。如果你碰到多重不相关的问题，你应该选出其中一个做缓冲，然后回答，接着说“你还有一个问题”。由于该记者的问题有着明显的联系，将军按照相反的顺序一次性做了回答。他先回答的是“为什么抵抗微弱”。

首先我想说，到目前为止，之所以敌方的抵抗微弱，是因为我方部队的战前准备工作做得非常出色。至于你的第二个问题，我无法判断这会花多长时间……

“我无法判断这会花多长时间……”意味着将军不愿意预测战争的持续时间。相反，他说：

让我这么说吧，我们的战争要打到伊拉克从科威特撤军，联合国的决议得到执行为止。

“……伊拉克从科威特撤军，联合国的决议得到执行”，这是施瓦茨科普夫将军的 B 点、他的上旋。

如果在你做完商业陈述后，有人问你：“到你们发布产品的下一版本，还需要多久？”你应该说：“我无法判断这会花多长时间。”这是利用缓冲点明罗马石柱，也就是时间，并带出你坦率的回答。接着，你可以转入上旋：“……但我可以告诉你，等下一个版本发布的时候，它将和我们渠道中的其他产品一样，品质出众，并能为我们的客户带来同等丰厚的利润。”抓住机会，阐明你的 B 点，向你的听众提供维惠。

接着，诺曼·施瓦茨科普夫将军抽中了下一位记者，对方问道：

有报告说现在局势未定，但您能否至少向我们透露一下，我们在科威特城内有军队吗？据科威特居民称，他们曾在科威特城上空见过一些伞兵。

这个问题的罗马石柱和保密的战略信息有关系，显然，将军不可能向包括敌方在内的全世界观众透露这一点。在商业场合，一些会议的听众中免不了有竞争对手。任何商人都没有义务透露战略信息，也绝不应该这么做。施瓦茨科普夫将军强调了自己的立场。他说："不行。"

> 我不会讨论任何有关参战部队部署的情况。

接着，他马不停蹄地转向下一位记者，对方问：

> 将军，美军或盟军部队碰到生化武器了吗？

这个问题的关键词是"生化武器"。将军把这几个关键词放到回答里，变成了缓冲。

> 最开始我们掌握了一些化学武器的情报，但从目前看来，这些情报都是假消息。迄今为止，还没有敌方使用化学武器的报告。

和前文谈到的科林·鲍威尔一样，施瓦茨科普夫将军使用关键词作为缓冲。而且，在整个问答过程中，他从未使用过双重缓冲，诸如"你希望知道我们的部队是否碰到了生化武器"，或是类似"我们的部队碰到生化武器了吗"这样的阐释。在他回答的这10个问题中，施瓦茨科普夫将军只使用关键词作为缓冲器，并把它们与自己的回答结为一体。请记住，关键词缓冲法给你预留的思考时间很少，但若使用得当，迅速的反应能让你显得犀利且富有控制感。

下一位记者问将军：

对于这一阶段的局势，你认为是比预计中更好、差不多，还是稍微差一些？

更好、差不多，还是稍微差一些？这是一个有着三重选项的多重选择疑问句。你认为将军会选哪一个呢？

施瓦茨科普夫将军选择这样作答：

到目前为止，我们对战役的进展很满意。

他抓住机会，上旋至 B 点。他抢下了高地。

下一个问题来自一位职业记者，她问了一个令人费解的问题，而且说的时候犹犹豫豫。你的听众也很可能会这么做。

据说……有一次例外……按你的说法，敌方的抵抗很无力。你能提供一些细节情况吗……

记者还没说完，施瓦茨科普夫将军就开始回答了。

……是有关例外情况的细节吗？

在你看将军的回答之前，请想一想。尤其是，记者到底想知道什么？

记者是希望将军提供有关激烈交火的细节。以下是将军的回答：

就在今天下午，两个小时之前，一支海军陆战队遭到了敌军装甲部队的反击。陆战队立刻派出了炮兵，拿出了反坦克武器。我们还派出了空军支援。敌方的反攻很快就被击退了。敌军撤退。我不能告诉你我方损失坦克的准确数量……

“我不能告诉你我方损失坦克的准确数量。”换句话说，他没有向记者提供她想要的任何细节情况。他的整个回答都在上旋。“陆战队立刻派出了炮兵，拿出了反坦克武器。我们还派出了空军支援……”总之，“我们踹了他们的屁股”！

……但在该次战斗中，我们的确损失了几辆坦克。还有两个问题了。

“还有两个问题了。”他开始倒数，而且他的回答越来越简短。他还拒绝回答跟进式问题，当然，你可没有这个特权。下一位记者问：

所谓的抵抗微弱，是因为伊拉克人在撤退，还是他们不跟你们交火，或是他们主动投降？他们到底是怎么做的？

施瓦茨科普夫将军简单明了地回答：

上述情况都有。

另一位记者问：

你说敌方抵抗微弱。这是因为你们避免与他们正面交火，还是因为你们从侧面或空中绕开了敌人，所以才没碰到什么抵抗？

施瓦茨科普夫将军回答：

我们会通过一切方式推进战线，不管是从侧面、正面、上面，还是下面。

这位记者想继续问下去：

将军，你们已经穿过敌方战线了？所以敌方抵抗才这么微弱？

将军没再理会这个记者，转向了下一位：

再来一个问题。

这次这位记者问：

将军，你们碰到共和国卫队了吗？

将军简短有力地回答：

碰到过一些。

这位记者也试图继续提问：

他们的抵抗如何？

施瓦茨科普夫将军也没理他，将军在讲台上拍了拍手，转身往外走，背对着记者们说：

> 非常感谢各位。

问是否“从侧面或空中绕开了敌人”的问题的记者追着他问：

> 将军，我们什么时候才能再见到你？明天六点？

将军没有回答。

施瓦茨科普夫将军手里掌握着很多独特的控制因素，而你和大多数商界人士、寻常百姓并不具备这些条件。在记者招待会上，将军是记者们恳求的对象。而在你的问答过程中，情况恰好相反：是你主动恳求你的听众，是你想和他们建立业务联系。将军的大多数信息都可归入军事机密范畴，而你的大多数商业信息必须开诚布公地放在桌面上。将军不需要给媒体记者们任何维惠，而你则有义务向听众提供尽量多的维惠。

尽管如此，施瓦茨科普夫将军完美地示范了本书提到的所有技巧：

- 管理时间；
- 专心倾听；
- 点明每个问题的罗马石柱；
- 关键词缓冲；
- 简洁地回答；
- 上旋，上旋，上旋。

彻底控制

图 12-1 表现了传统的问答场面。第一个向下的黑色三角代表一个挑战性问题，像飞镖一样戳向你。大多数演讲者都是受结果推动的人，赶着想给予回答，我们用向下的白色三角表示。这些独立的活动表示交流缺乏控制，没有增加价值。

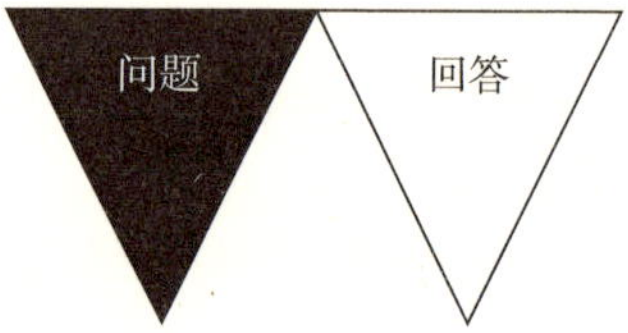

图 12-1　传统的问答

为控制你的问答交流，你必须像禅师说的那样，在对方提问的过程中全神贯注地倾听罗马石柱。然后，你必须向图 12-2 中那样，插入两个向上的灰色三角。

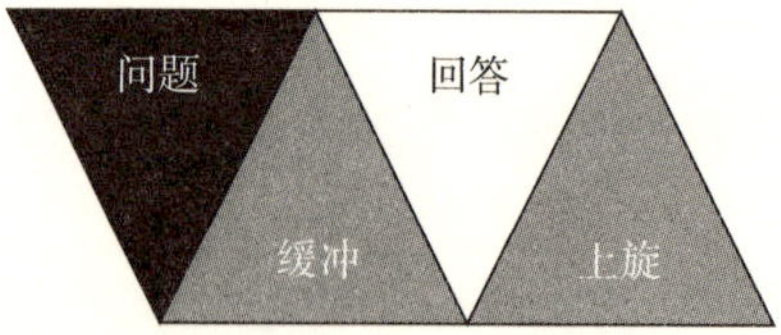

图 12-2　控制型问答

第一个灰色三角是缓冲，它由释义或关键词组成，意在缓和双方之间的对立气氛，相当于武术中的自我防卫。第二个支撑回答的灰色三角，是通过上旋至你的 B 点或给听众提供维惠，等于是武术中的转守为攻。这些向上的三角为交流过程增添了控制感。

在两者之间，你必须提供回答，用阳来平衡挑战议题中的阴。

大多数政治家在回答问题时，往往干脆跳过答案，直接上旋。在 2000 年的一次总统辩论中，莉萨・基询问小布什州长的税改建议，他凭着一个不充分的答案跳入上旋。跳过回答会显得你在逃避，绝不要跳过回答。

大多数商人在回答问题时，由于希望赶紧给原因找个结果，他们往往会直接跳进回答，结束交流，飞快地进入下一个问题。在这个过程中，他们放弃了上旋的机会。他们不提供 B 点，不给维惠。他们不呼吁听众行动，也不给听众行动的理由。这种行为就叫作零控制。

通往胜利的过程是这样的：

- 提问；
- 缓冲；
- 用支持性证据作答；
- 上旋。

当你通过严格的训练，掌握了所有步骤，并用像交响乐团指挥家那样的巧妙方式，把它们应用起来时，你就能把图 12-2 中上上下下的三角拼凑到一起，并将它们往任意方向旋转。此时，你就实现了彻底的控制。

掌握这一切技巧并非易事，因为它们是一套全新的技巧，违反了人类踏上火线时“战斗—逃跑”的行为直觉。故此，**实现控制是一个双重挑战：克服本能，学会新技巧。这是一件值得你努力去做的事，因为它能带给你双重结果：幸存与不战而胜。**

本书的最后一句话是我给你提供的维惠，也是我的上旋。祝你好运！

TIPS

魏斯曼
完美演讲

实现控制是一个双重挑战：克服本能，学会新技巧。这是一件值得你努力去做的事，因为它能带给你双重结果：幸存与不战而胜。

未来，属于终身学习者

我这辈子遇到的聪明人（来自各行各业的聪明人）没有不每天阅读的——没有，一个都没有。巴菲特读书之多，我读书之多，可能会让你感到吃惊。孩子们都笑话我。他们觉得我是一本长了两条腿的书。

——查理·芒格

互联网改变了信息连接的方式；指数型技术在迅速颠覆着现有的商业世界；人工智能已经开始抢占人类的工作岗位……

未来，到底需要什么样的人才？

改变命运唯一的策略是你要变成终身学习者。未来世界将不再需要单一的技能型人才，而是需要具备完善的知识结构、极强逻辑思考力和高感知力的复合型人才。优秀的人往往通过阅读建立足够强大的抽象思维能力，获得异于众人的思考和整合能力。未来，将属于终身学习者！而阅读必定和终身学习形影不离。

很多人读书，追求的是干货，寻求的是立刻行之有效的解决方案。其实这是一种留在舒适区的阅读方法。在这个充满不确定性的年代，答案不会简单地出现在书里，因为生活根本就没有标准确切的答案，你也不能期望过去的经验能解决未来的问题。

湛庐阅读App：与最聪明的人共同进化

有人常常把成本支出的焦点放在书价上，把读完一本书当作阅读的终结。其实不然。

时间是读者付出的最大阅读成本
怎么读是读者面临的最大阅读障碍
“读书破万卷”不仅仅在“万”，更重要的是在“破”！

现在，我们构建了全新的“湛庐阅读”App。它将成为你“破万卷”的新居所。在这里：

- 不用考虑读什么，你可以便捷找到纸书、有声书和各种声音产品；
- 你可以学会怎么读，你将发现集泛读、通读、精读于一体的阅读解决方案；
- 你会与作者、译者、专家、推荐人和阅读教练相遇，他们是优质思想的发源地；
- 你会与优秀的读者和终身学习者为伍，他们对阅读和学习有着持久的热情和源源不绝的内驱力。

从单一到复合，从知道到精通，从理解到创造，湛庐希望建立一个“与最聪明的人共同进化”的社区，成为人类先进思想交汇的聚集地，与你共同迎接未来。

与此同时，我们希望能够重新定义你的学习场景，让你随时随地收获有内容、有价值的思想，通过阅读实现终身学习。这是我们的使命和价值。

湛庐阅读App玩转指南

湛庐阅读App结构图:

三步玩转湛庐阅读App:

读一读 ▾

湛庐纸书一站买，
全年好书打包订

听一听 ▾

泛读、通读、精读，
选取适合你的阅读方式

扫一扫 ▾

买书、听书、讲书、
拆书服务，一键获取

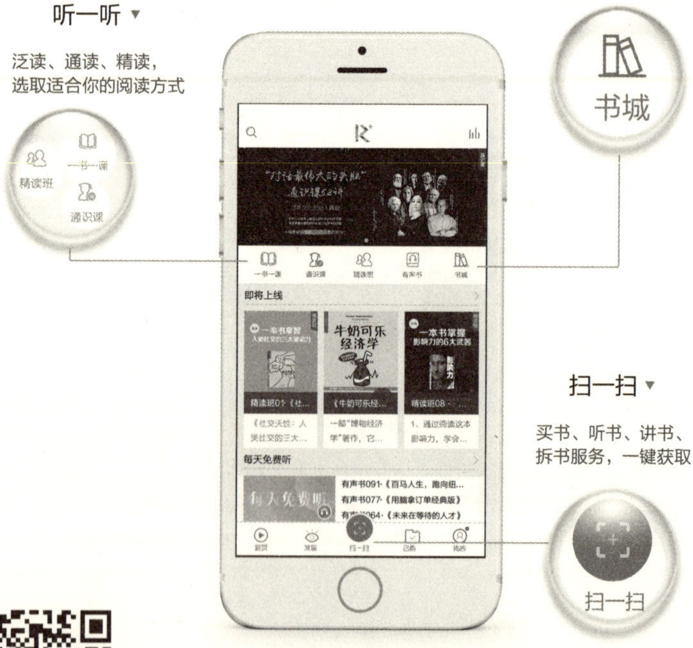

App获取方式：
安卓用户前往各大应用市场、苹果用户前往App Store
直接下载“湛庐阅读”App，与最聪明的人共同进化！

使用App扫一扫功能，
遇见书里书外更大的世界！

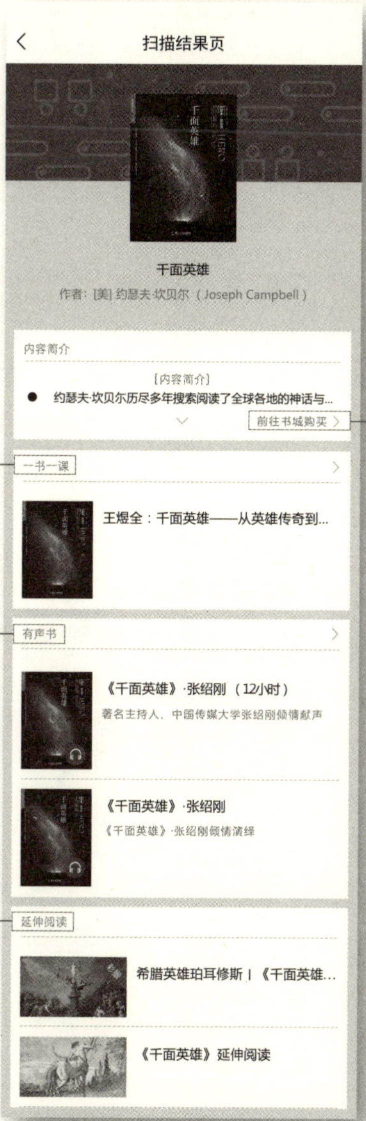

快速了解本书内容，
湛庐千册图书一键购买！

大咖优质课、
献声朗读全本一键了解，
为你读书、讲书、拆书！

你想知道的彩蛋
和本书更多知识、资讯，
尽在延伸阅读！

湛庐CHEERS

延伸阅读

《魏斯曼的演讲大师课 1》

使用“湛庐阅读”App,
“扫一扫”获取本书更多精彩内容。
ISBN 978-7-220-11595-0

◎ 魏斯曼是享誉世界的商务沟通大师，微软、英特尔、思科、可口可乐等全球知名企业成功上市路演的幕后推手，他的演讲方法经过500多家企业成功路演的检验。

◎ 本书是“魏斯曼的演讲大师课”系列第一册，魏斯曼凭借其堪称雄厚的实战经验，深入浅出地讲述了打造完美演讲所需的关键工具和技巧，是所有人准备商务演讲时的案头书。

《绝地谈判》

使用“湛庐阅读”App,
“扫一扫”获取本书更多精彩内容。
ISBN 978-7-213-09235-0

◎ 作者马蒂亚斯·施汉纳是国际一流谈判专家，曾指导来自40多个国家和地区的政府与公司进行谈判。

◎ 本书为你提供了绝地谈判的7大原则、5种策略、10种战术，依据真实案例层层推进，是一本帮你掌控全场的谈判指南。

《Ted演讲的秘密（经典版）》

使用“湛庐阅读”App,
“扫一扫”获取本书更多精彩内容。
ISBN 978-7-220-11456-4

◎ 首部全面解析TED演讲的重磅力作，分享TED组织者和演讲教练杰瑞米·多诺超过10000小时演讲训练的成果。

◎ 要在18分钟内打动听众，需要具备超强的演讲技巧。本书从内容和技巧两方面入手，揭示演讲内容打动人心的秘密，同时配合65个卓越TED演讲的二维码，打造全新可视化阅读体验。

《哈佛经典谈判术（纪念版）》

使用“湛庐阅读”App,
“扫一扫”获取本书更多精彩内容。
ISBN 978-7-213-06768-6

◎ 哈佛大学商学院教授、管理大师基于其为IBM、西门子等大型知名机构服务的实践经验写著此书，提出强而有效的谈判策略，让你在看似毫无希望的谈判中扭转乾坤。

◎ 管理大师、畅销书作者史蒂芬·柯维、沃伦·本尼斯鼎力推荐！

Authorized translation from the English language edition, entitled IN THE LINE OF FIRE: HOW TO HANDLE TOUGH QUESTIONS — WHEN IT COUNTS, 2nd Edition, ISBN: 0133157881 by Weissman, Jerry, published by Pearson Education, Inc. publishing as FT Press.,Copyright © 2014.

图书在版编目（CIP）数据

魏斯曼的演讲大师课. 2, 答的艺术 / (美) 杰瑞 · 魏斯曼著 ; 闾佳译. — 成都 : 四川人民出版社, 2020.4

ISBN 978-7-220-11636-0

Ⅰ. ①魏… Ⅱ. ①杰… ②闾… Ⅲ. ①演讲—语言艺术 Ⅳ. ①H019

中国版本图书馆CIP数据核字（2020）第035797号

著作权合同登记号
图字：21-2019-460

上架指导：演讲 / 商务沟通

本书法律顾问　北京市盈科律师事务所　崔爽律师
张雅琴律师

WEISIMAN DE YANJIANG DASHIKE 2: DA DE YISHU

魏斯曼的演讲大师课2：答的艺术

［美］杰瑞 · 魏斯曼　著

闾佳　译

责任编辑：邓泽玲　谢　寒
版式设计：湛庐CHEERS　杨静玉
封面设计：湛庐CHEERS　杨静玉

四川人民出版社
（成都市槐树街 2 号　610031）
唐山富达印务有限公司印刷　新华书店经销
字数 175 千字　710 毫米 ×965 毫米　1/16　印张 13.75
2020 年 4 月第 1 版　2020 年 4 月第 1 次印刷
ISBN 978-7-220-11636-0
定价：52.90 元
